IDIOMOLOGIE

DES

ANIMAUX,

ou

Recherches Historiques, Anatomiques, Physiologiques, Philologiques, et Glossologiques sur le Langage des Bêtes,

PAR

PIERQUIN DE GEMBLOUX.

> L'étude que nous avons faite de ces idiomes, en les embrassant tous, autant qu'il a été en notre pouvoir, est peut-être la meilleure pour nous donner une juste idée de leur caractère.
>
> DUPONCEAU.

PARIS,

A LA TOUR DE BABEL,

Quai Voltaire, 13.

1844.

BOURGES., IMP. DE P.-A. MANCERON.

À Messieurs

F. FLOURENS,

SECRÉTAIRE PERPÉTUEL DE L'ACADÉMIE ROYALE DES SCIENCES, MEMBRE
DE L'ACADÉMIE FRANÇAISE, PROFESSEUR DE PHYSIOLOGIE COMPARÉE AU
MUSEUM D'HISTOIRE NATURELLE DE PARIS, ETC.

E. BURNOUF,

MEMBRE DE L'ACADÉMIE DES INSCRIPTIONS ET BELLES LETTRES, PRO-
FESSEUR DE LANGUE ET DE LITTÉRATURE SANSCRITES AU COLLÉGE DE
FRANCE, ETC.

Comme aux deux plus belles illustrations de la Zoologie et de la Philologie.

EST DÉDIÉ

cet ouvrage de Zoologie et de Philologie

COMME UN TÉMOIGNAGE D'ADMIRATION.

PREMIÈRE PARTIE.

HISTORIQUE.

> Si nous n'avons pas donné à notre
> travail toute la méthode qu'il exigeait ;
> si nous avons été trop diffus sur quel-
> ques points , et si d'autres ne pa-
> raissent pas avoir été suffisamment
> développés , il n'en faut accuser que
> la faiblesse de notre talent et la nou-
> veauté du sujet que nous avons eu
> à traiter.
>
> DUPONCEAU.

IDIOMOLOGIE

DES

ANIMAUX.

La Bible avait dit le premier et le dernier mot sur l'Idiomologie des Animaux, et, d'après ce Livre de l'éternité, le philologue peut maintenant, et avec toute raison, conclure hardiment qu'à l'époque où Dieu peupla l'univers d'intelligences organisées, la langue de toutes ses créatures était identiquement la même, sauf toutefois les nuances infinies tout naturellement déterminées, à perpétuité, par une foule de circonstances puissantes quoiqu'inappréciables et qu'il serait hors de propos de rechercher ici. C'est là une belle question que j'avais soulevée en plus d'un endroit de mon *Traité de la Folie des Animaux* (1); dont j'ai toujours senti toute l'importance et que je m'étais promis d'aborder et d'approfondir un jour. C'est ce que je fais enfin, après de longues études.

A l'époque de l'existence humanitaire dont la

(1) Deux vol. in-8°: Paris 1839, tom. 1, pag. 158, 175 à 185, etc.

Bible nous a seule transmis les traits, tous les êtres intelligents conversaient ensemble et se comprenaient parfaitement. Cependant une légère différence devait exister, sans doute, entre eux sous ce rapport, et elle était le résultat naturel du timbre de la voix d'abord, de la forme des parties accessoires à l'organe de la parole, de celle du second et du troisième tube, ajoutés au tube phonétique, de la prononciation spéciale, et enfin de l'accentuation plus ou moins pathétique ou prosodiée, selon le caractère particulier de chaque famille et même de chaque être. C'était en un mot, comme dit Gœthe, l'unité constante, variée à l'infini : ou mieux, c'était la plus grande variété dans l'unité.

Les différences immenses, remarquées depuis entre les innombrables variétés des idiomes humains, morts ou vivants, qui se succédèrent tour à tour, grâce à la perfectibilité indéfinie de l'espèce humaine ainsi qu'à l'étonnante hérédité physiologique des idiomes des animaux, fixés, pour ainsi dire, dès le jour même de leur création, sont deux faits complètement opposés sans doute, mais qui ne découlent pas moins d'une seule et même loi. Quoique donnant des résultats différents sur des fonctions identiques, produites par un même organe, ils sont on ne peut plus naturels, car, comme nous le disions, ce sont là les conséquences inévitables de la perfectibilité indéfinie de l'espèce humaine, ainsi que ceux de l'éducabilité si limitée de l'intelligence des animaux. Aussi, dans le cas où la tradition biblique serait, comme toujours, la vérité, quant à cette communauté primitive d'un idiome antérieur au

déluge, quel qu'il soit d'ailleurs et que démontrent en
outre ces conversations fréquentes entre l'homme et
les animaux, c'est un fait qu'on ne saurait plus nier. Il
est lié à l'enfance et à la tradition de tous les peuples.
Dans la Bible, ai-je dit ailleurs, les choses se passent
de même : Dieu punit le serpent parce qu'il a abusé
de son éloquence pour séduire Éve. Voilà donc bien
évidemment des êtres homophones, comme dirait
le fabuliste grec. Plusieurs autres passages des Livres
Saints font encore mention d'animaux parlants. Le
Seigneur, y est-il dit, par exemple, ne dédaigna
pas de faire un pacte tant avec les animaux sauvages qu'avec les animaux domestiques. Dans la loi
juive les animaux sont encore traités comme les
hommes. Le repos du Sabat leur est commun, ainsi
que la législation afflictive (1).

La Bible n'est pas la seule à le raconter. Platon
dit positivement aussi que les enfants de Saturne
vivaient et conversaient, non seulement entre eux,
mais encore avec les animaux. Ils pouvaient parler
à tous les êtres, tous pouvaient leur répondre et
leur apprendre à devenir plus sages et plus heureux.
Ainsi, auprès de l'ânesse de Balaam se trouvent les
chevaux d'Achille : ainsi Platon et Fl. Josephe pen-
sent comment la Bible, et Saint Basile-le-Grand va
même jusqu'à dire que le Paradis était peuplé de
bêtes qui s'entendaient entre elles et qui parlaient
sensément. Si l'on veut prendre la peine d'y penser,
c'est là l'origine réelle de la Fable ; c'est là aussi ce
que ne vit point Silvain Bailly, dans son volumineux
Essai sur l'Histoire des Fables, qui ne sont, après

(1) Traité de la Folie des Animaux, tom. 1, pag. 182.

tout, que cette vérité mise en scène et constituant
un drame zoologique, dans lequel les bêtes parlent
à l'homme d'une manière sensée. Aussi trouvons-
nous ce genre de littérature chez toutes les nations
et même chez les tribus sauvages où il a toujours
une ravissante perfection. C'est là enfin ce que la
religion primitive d'Iran annonçait aussi, en procla-
mant un Dieu suprême, consacrant la fraternité
humaine et prescrivant une tendresse compatissante
envers les animaux doués de la parole (1), et l'on
peut retrouver des traces de cette croyance, de
cette tradition jusque dans la langue immobile du
Céleste Empire.

Que de questions intéressantes pourraient déjà faire
naître cette faible partie de l'Historique de l'Idiomologie des Animaux! Qu'il nous suffise, pour le moment,
de demander à quelle époque de la vie humanitaire
cessa complétement cette communauté philologique
ou phonétique ; à quelle époque enfin la différence
des idiomes devint une ligne insurmontable de sépa-
ration, non-seulement entre les familles humaines,
mais encore entre celles-ci et les familles zoologiques?

Ici la Bible elle-même reste muette; mais il me
paraît assez probable que nous sommes suffisamment
autorisés à en fixer la date à l'époque, si bien étudiée
par le grand Leïbniz, où il plut à Dieu de fractionner
inintelligiblement la langue primitive; cataclysme
philologique calamiteux qui parqua l'humanité en
hordes ennemies et sans relations fraternelles, prin-

_____

(1) Willam Jones, Mém. de la Société de Calcutta, tom. 11,
pag. 39.

cipe éternel de disgrégation humanitaire et sociale auquel les hommes opposèrent vainement, et si fréquemment, des tentatives impuissantes pour y échapper, dans lequel l'homme seul fut frappé, comme si l'Éternel avait voulu consoler les animaux qui avaient péri dans un précédent cataclysme, auquel l'homme seul avait échappé, ainsi que l'attestent unanimement la Bible et la Géologie.

Ainsi je ne serais pas éloigné de supposer que la langue primitive, perfectionnée progressivement par l'homme jusqu'au désastre phonétique de Babel, fût intelligible pour tous les êtres doués d'intelligence et d'appareils vocaux, (en complète harmonie de relation avec les besoins de cette même intelligence) jusqu'au moment où Dieu rendit le langage des hommes si multiple qu'ils cessèrent instantanément de se comprendre. Depuis ce jour ils se disputent sans s'accorder, et les bêtes même ne se comprennent plus entre elles.

Si cette communauté d'idiome est, comme je suis porté à le croire, physiologiquement et philologiquement, un fait incontestable, il faut inévitablement que la philologie des Animaux donne un jour à la philologie humaine les moyens de l'établir, ou plutôt de le démontrer irrésistiblement. En d'autres termes, il faudra que l'on retrouve à la fin dans l'Idiomologie des Animaux quelques-uns des débris de ce premier système de phonétisation, qui nous est inconnu dans son ensemble et dont on reconnaît les traces du reste dans tous les idiomes humains, éteints ou vivants, de la surface du globe.

Selon toute probabilité, les paroles de cette langue

primitive, commune à toutes les intelligences servies par des organes, devait être d'abord, et personne n'en doutera, j'espère, monosyllabiques ou tout au plus trissyllabiques, et, ensuite, excessivement peu nombreuses. Cette pauvreté philologique, cette pénurie même, si l'on veut, dépendent nécessairement, d'une part, de l'âge humanitaire, et de l'autre du degré d'extension ou de perfection de l'intelligence naissante. L'esprit des hommes et des bêtes, nécessairement inexercé, inexperimenté, agissait donc très-rarement sur les organes vocaux, dont l'Éternel, dans sa munificence, avait doté presque tous les êtres voisins de la perfection humaine. D'une autre part, l'inaction de l'appareil auditif était une barrière non moins insurmontable opposée aux développements comme aux perfectionnements de la parole, c'est-à-dire des expressions aériennes de la pensée.

La parole uniforme et générale de l'ensemble des êtres une fois jetée dans ce chaos inextricable, les familles humaines se fractionnèrent forcément et se groupèrent d'après les affinités philologiques des idiomes nouveaux. Chacune de ces tribus, ainsi parquées, cultivait un seul et même idiome, qu'aucune autre famille humaine ou zoologique ne pouvait plus apprécier. Des voiles plus impénétrables encore furent bientôt jetés sur ces paroles nées récemment, écho défiguré des anciennes, et si profondément altérées qu'on ne pouvait plus les reconnaître. D'autres même, issues de cette position nouvelle, venaient d'être créées aussi pour satisfaire à de nouveaux besoins, conséquence naturelle de la

marche de l'humanité, de la société, de l'intelligence humaine, et enfin de tout ce qui en émane
directement ou indirectement.

Pendant que l'homme allait ainsi perfectionnant
sa parole, à l'aide de son intelligence laborieuse et
de ses progrès incessants, tous les autres anneaux
de l'échelle zoologique, restés étrangers au grand
cataclysme phonétique, avaient conservé intact leur
idiome primitif et simple. Enfin comme leur intelligence ne pouvait guère s'agrandir ou s'étendre par
suite de l'expérience et de la série des siècles, rien
dans leur vie ni dans celle de leurs ascendants
n'avait apporté la moindre modification, ni la
moindre addition aux Vocabulaires primitifs de chaque famille zoologique. Ainsi les progrès phonétiques innombrables, faits journellement depuis lors
par les familles humaines, de même que la fixité
phonétique, pour ainsi dire absolue, des différentes
familles zoologiques ne furent, après tout, que des
accidents également inévitables, qui multiplièrent
successivement les insurmontables difficultés que
nous rencontrons aujourd'hui toutes les fois que
nous tentons de nous mettre en rapport intellectuel
avec les animaux, par l'unique secours de la parole,
comme si Dieu avait arrêté, dans sa profonde sagesse,
que les relations phonétiques établies entre tous les
êtres ayant servi à lui désobéir dès les premiers jours
du monde, ces criminels seraient privés à perpétuité de ces mêmes relations. C'est donc là, pour
ainsi dire, l'unique témoignage de l'éternelle ex-
piation de l'éternel péché; c'est là aussi que nous
trouverons à la fin tous ces faits qui tendront en outre

à multiplier, d'une manière tout aussi singulière, les témoignages divers et les preuves nombreuses qui doivent concourir, un jour, à établir irrésistiblement la certitude de cette communauté philologique primitive entre toutes les intelligences créées, dans les premiers siècles du monde.

Quoique le Christianisme eût constamment maintenu, dans les esprits cultivés, cette théorie antique si naturelle et si parfaitement en rapport avec toutes les lois éternelles des sciences anatomiques et physiologiques, il n'en est pourtant pas moins vrai qu'immédiatement avant ou après la révélation cette vérité palpable avait disparu, comme un très-grand nombre d'autres, du vaste ensemble de la science humaine. Cette connaissance, en un mot, n'existait plus qu'à l'état de vague tradition, et le peuple disait comme La Fontaine :

Du temps que les bêtes parlaient.

L'observation par-ci par-là venait bien révéler cette lumière et frapper l'attention des philosophes, chez lesquels elle restait pourtant sans éclat et finissait par s'éteindre. Pas un seul écrivain grec ou romain ne fit de cette question l'objet de ses études ou de ses réflexions. Vers le second siècle seulement un philosophe épicurien, dont l'homonyme forme toute la gloire médicale de Rome antique, lui accorda quelqu'attention. Mais Aristote, Empédocle, Démocrite et Pline (1) tout en croyant à l'Idiomologie des Animaux, n'en firent nullement l'objet de leurs précieuses méditations. Cependant il faut bien avouer

(1) Histor. Natur., lib. x, cap. 9.

aussi que les idées, pour ou contre l'Idiomologie des Animaux, furent plus d'une fois poussées un peu trop loin par les apôtres du Christ même, et que le grand Origène combattit peut-être avec trop de violence le philosophe que nous venons d'indiquer, parce que, dans son *Discours de vérité*, Celse avait aussi, de son côté, dépassé un peu les limites raisonnables de la belle question de l'intelligence des bêtes.

· Quoique Plutarque eût parlé et que Théophraste eût écrit sur l'Idiomologie des Animaux, ainsi que sur les moyens de parvenir à comprendre leurs langues, ouvrage que la bibliothèque du Vatican possède, dit-on, ainsi que celui d'un grec nommé Syrach, écrit sur le même sujet, il n'en est pas moins vrai que ces travaux n'éclairèrent pas plus la grande question que celui de Zénodote (1), (*Phile-tære de differentia vocum animalium*) ou de son concurrent anonyme, sur la voix des animaux, publiés tous deux par le savant éditeur d'Ammon, Valckenaer. Le profond Iriarte cite plusieurs manuscrits grecs appartenant à la Bibliothèque royale de Madrid, et qui rapportent aussi les différents noms donnés aux langues des animaux, par les Grecs (2).

Ce ne fût guère qu'au XVIIe que fut agitée sérieusement, et par conséquent passionnément, ce point si intéressant de philologie générale, bien

---

(1) Περι φωνων ζωων. *Ad calc. Ammonius de ad finium vocabulorum differentia edente Valkenario*, in-8°. Erlangue, 1787, p, 282 et seq. Pollus, Lib. v, cap. 3.

(2) *Regia Biblioth. Matritensis codices græci*. Mss. In-fol. Matriti 1769, tom. 1, pag. 306 à 313.

plutôt qu'on ne l'examina sous son véritable jour, c'est-à-dire sous l'action des lumières anatomiques, physiologiques, philosophiques et philologiques. Quoique cette méthode éminemment féconde et positive n'ait même point été entrevue alors et qu'elle ne fût pas soupçonnée postérieurement, il n'en est pas moins vrai que cette tradition était encore en pleine vigueur du XII au XV° siècle, ainsi que l'attestent les immenses et précieuses recherches de M. P. Paris (1); mais ce fut un médecin qui eut tout naturellement l'honneur de prendre le premier la parole et de résoudre affirmativement le problême à la fois si intéressant et si piquant de l'Idiomologie des Animaux. Ce médecin n'était pas seulement homme d'esprit et de talent, il avait en outre à son service, dans cette occasion, l'anatomie et la physiologie qui le servaient peut-être à son insu, et qui l'avaient inévitablement conduit à résoudre cette belle question d'après les lois les plus sévèrement rigoureuses de l'inflexible logique (2). Mais quel est l'homme de mérite qui n'est point contredit ou contrarié par l'ignorance et surtout lorsqu'il a raison? Or donc, comme tant d'autres écrivains célèbres, l'illustre médecin de Louis XIII rencontra un critique de ce genre qui, fort heureusement, n'avait pour lui ni science, ni esprit, ni logique, enfin ni aucune des qualités ou des connaissances nombreuses que réclamait le consciencieux examen d'une semblable ques-

(1) Les Manuscrits français de la Bibliothèque du Roi, tom. v, pag. 206.

(2) Traité de la Connaissance des Animaux, in-4°. Paris, 1661.

tion. Pour lui aussi, il en est des animaux comme
d'un souflet qui rendrait un son par la pression, et le
chien, qui menace en montrant ses dents, le fait sans
nulle intention, sans aucun mal ; et cela devait être
ainsi puisqu'on ne peut comprendre le langage des
animaux qu'alors que l'on a mangé du cœur et du
foie d'un dragon (1) ! Aussi le nom de l'aventureux
Chanet est-il resté dans sa primitive et légitime
obscurité. Sa hardiesse n'eut pour toute récompense
que l'honneur de voir La Chambre descendre dans
la lice qu'il avait si imprudemment ouverte, et
réfuter un pamphlet que ne réfutaient déjà que trop
et sa faiblesse et sa déraison.

Quoiqu'il en soit, Cureau de La Chambre n'en
persista pas moins à soutenir, à démontrer que
les animaux se communiquaient leurs propres pensées par l'incontestable secours d'un idiome particulier, que nous ne connaissons pas plus que les
langues humaines que nous n'avons jamais apprises,
pas plus enfin que le Quitchoua, l'Aymara, le Moxa,
l'Otomite, la Tarasque, la Zapotèque, la Mistèque,
l'Yucatan, la Lotonoque, la Popolouque, la Matza-
lingue, la Cakikelle, la Taraumare, la Cépéhouane,
la Core, que l'on parle au Mexique, ou bien que
l'Yameos de l'Amérique Méridionale, etc.

Nul doute que l'Anatomie et la Physiologie ne dé-
cident cette grande question *à priori*, de même que
la philosophie et l'Idiomologie des Animaux, ne
la confirment ensuite *à posteriori ;* car c'est là une

(1) De l'Instinct et de la Connaissance des Animaux avec
l'Examen de ce que M. Marin Cureau de La Chambre a écrit
sur cette matière, in-12. La Rochelle, 1646, p. 174.

vérité bien évidente, que l'on ne saurait jamais établir, sans doute, par l'unique preuve de l'interprétation et surtout telle que l'ont conçue Dubartas,
Gamon, Dupont de Nemours, etc. Le dernier de ces
écrivains en a déjà démontré le spirituel abus. Il
est clair, enfin, que ce ne saurait être par un système de traduction arbitraire, dont on peut nier
l'application et le résultat avec tant de raison, que
l'on arrivera à la solution du problême. Il faut, au
contraire, établir cette vérité d'une manière incontestable, et seulement par des faits aussi certains
que bien compris, qui, sans cela, resteraient sans
aucune explication naturelle et plausible, ce qui ne
rentre nullement dans le cadre que nous nous pro-
posons de remplir maintenant. Ils appartiennent en
effet aux diverses séries de preuves qui attestent l'intelligence des animaux (1).

La plupart des naturalistes illustres épousèrent la
même opinion : Camper, Cuvier, Adelon (2), Dugès, Virey, etc., n'hésitèrent point à admettre, en
principe absolu, que la présence des organes de
l'ouïe et de la voix était l'indice évident de la
faculté particulière qui les accompagne, ou dont ils
sont doués. En un mot, qu'un organe ne saurait
jamais être séparé de ses fonctions nécessaires, ou
bien enfin que les animaux de chaque famille
avaient très-certainement entre eux des relations
phonétiques incontestables, expressions inévitables,

---

(1) Pierquin, Traité de la folie des Animaux, 2 vol. in-8°.
Paris 1839.

(2) Physiologie de l'Homme, tom. 11, pag. 315 et 318.

matérielles et naturelles de fonctions cérébrales tout aussi certaines.

Ainsi l'immense et belle question du langage des bêtes, ne fut donc jamais abordée avec le soin et la science qu'elle réclamait. C'est pour cela que les écrivains dont nous venons de parler, n'atteignirent pas complètement leur but, comme on a dû s'en apercevoir. Les uns, en effet, comme le célèbre auteur *de l'Histoire du Traité de Paix de West-phalie*, jugèrent bien ce sujet digne de leurs hautes méditations, mais eurent le tort de présenter les réflexions les plus justes, les plus logiques, sous une forme dont la frivolité nuisait au fond, en sorte qu'on prit en plaisantant le sérieux et philosophique *Amusement sur le langage des bêtes* (1), qui n'a de badin ou de léger que le titre. La plupart des lecteurs sans réflexion ou sans science le prirent pour une brochure paradoxale, on ne peut plus propice à des développements spirituels, mais dont le savant Jésuite a su pourtant se garantir. Vinrent ensuite les travaux de Dupont de Nemours, remarquables par la forme autant que par l'aventureuse sagacité de l'auteur, dont le philologue ne peut rien espérer, dont nous parlerons encore plus d'une fois, et qui ne sont autre chose, après tout, qu'une élégante et pure débauche d'esprit, destinée seulement aux gens du monde et de bon goût.

Les philologues entraînés par l'évidence, ou peut-être par des opinions aussi nombreuses que respectables, ne crurent pas non plus cette question tout-

(1) Un vol. in-12. Paris, 1734.

à-fait étrangère à l'objet de leurs études, et ils crurent qu'alors qu'ils s'occupaient à tracer l'*Histoire des langues de cet univers*, ils ne pouvaient passer sous silence *les langages ou langues des animaux et oiseaux*. C'est ce qu'a fait le Bourbonnais Duret (1).

Depuis la renaissance des lettres, un homme bien autrement illustre, mêla sa puissante voix à cette discussion scientifique : c'est le grand Leibniz, et il n'hésita point à la résoudre affirmativement. Le célèbre Isaac Casaubon accorda aussi les lumières de ses fécondes veilles au sujet de nos études actuelles, et composa une curieuse et riche dissertation (2) dont le manuscrit paraît s'être égaré, si l'on en croit Iriarte. Enfin, Bindseil (3), dans un judicieux et précieux ouvrage de philologie, publié récemment en Allemagne, a cru devoir aborder aussi ce sujet difficile ; mais égarée par une espèce de logomachie, sa profonde érudition n'a pu se résoudre à accorder la parole aux animaux et il ne leur a concédé que la faculté de pousser des cris. Mais nous répondrons à ce savant, ainsi qu'aux partisans de ses opinions, qu'est-ce donc que le cri ? Est-ce qu'il diffère d'un mot plus ou moins long, et l'homme lui-même ne crie-t-il pas sa parole comme l'animal ? Crier, c'est parler avec une voix à la fois accentuée et forte. On dit des gens mal élevés, qu'ils crient en parlant. Ainsi Bindseil n'a pas vu

(1) Cl. Duret, Trésor de l'Histoire des Langues de cest univers, in-4°. Yverdon, 1619, chap. LXXXIX, pag. 1017.

(2) *De Vocibus animalium, Diatriba.*

(3) Abhandlungen zur allgemeinen Vergleichenden Sprachlehre, in-8°. Hambourg 1838

qu'il éludait la difficulté sans la résoudre , ou plutôt qu'il la résolvait affirmativement en la niant, tant les mots mal entendus ont d'influence sur nos jugements !

Sérieusement , très-sérieusement , la question du langage des bêtes appartient-elle à la philologie? Je ne saurais prévoir ce que pourra faire découvrir plus tard l'étude approfondie de l'Idiomologie des Animaux; mais je ne serais pas éloigné de croire que nous arriverons un jour à confirmer pleinement le point de l'histoire biblique dont nous avons parlé en débutant , tout comme notre philologie arrivera peu à peu à démontrer l'unité de l'espèce humaine (1). Dès lors, je me crois en droit d'affirmer déjà qu'entre des sons propres à certains animaux, et quelques autres appartenant aux idiômes de certaines nations éteintes ou vivantes , il y a très-souvent une beaucoup plus grande analogie évidente, une plus profonde ressemblance , une plus incontestable affinité qu'on n'en trouve réellement , les trois quarts du temps , entre certains mots français, par exemple , et quelques expressions latines qui ne sont point évidemment ni dérivatives ni congenères.

Les philosophes qui, de tout temps, eurent la manie d'aborder *à priori*, et par l'unique secours de leurs spéculations, les questions dont ils n'approfondissent ni n'effleurent même point la nature, ne crurent pas non plus cette question exclusivement du ressort de la médecine ou de la philologie, plutôt que de

(1) Pierquin de Gembloux, de l'Unité de l'espèce humaine, in-8°. Paris, 1840.

lascience qu'ils cultivent. C'était là une conséquence rigoureuse de leur usurpation à propos d'idéologie. Partout ils appliquent leurs réflexions isolées aux lois qu'ils n'étudient point, et créent arbitrairement des faits imaginaires, sans analogie même avec la vérité.

– La question du langage des bêtes devait donc, comme tant d'autres, fixer aussi l'attention des philosophes. Ceux-ci crurent que sa complète solution dépendait bien évidemment, non pas de la théorie qu'ils adoptaient sur l'intelligence des bêtes, mais bien de l'opinion plus ou moins raisonnée ou raisonnable que l'on pouvait se faire sur cette curieuse partie de l'idéologie. Il faut bien convenir qu'il y a réellement entre ces deux grands faits si merveilleux, une inséparable liaison dans toute l'échelle zoologique ; mais l'on se tromperait néanmoins si l'on osait en conclure tout naturellement que l'intelligence n'existe pas où la voix ne se fait jamais entendre, et si, ce qui est certainement inévitable, l'Anatomie et la Physiologie sont appelées à déclarer que la pensée est partout concomittante à l'existence des organes cérébraux, elles démontreront inévitablement aussi que partout la parole est le produit immédiat et nécessaire de l'appareil vocal, et secondairement de l'appareil acoustique. C'est précisément pour avoir perdu de vue l'indissoluble relation des organes et de leurs fonctions que tout récemment encore un professeur de physiologie, abandonnant le domaine et le but de sa chaire, nia l'existence de la parole chez les animaux.

En effet, la question qui va nous occuper en était,

depuis un siècle, où nous l'avons dit, lorsque le Professeur de Physiologie de l'Ecole de Médecine de Montpellier jugea ce problême zoologique digne de son cours. Nul ne pouvait être mieux placé pour bien traiter un pareil sujet : orateur habile, dialecticien profond : l'anatomie et la physiologie humaines où comparées n'ont depuis longtemps aucun mystère pour lui; en un mot, M. Lordat était l'homme qui convenait le mieux à la question et auquel la question convenait le mieux. Dès-lors, comment expliquer qu'influencé je ne sais par quelle préoccupation, il ait cru pouvoir négliger complètement les richesses imposantes et décisives que l'Anatomie et la Physiologie fournissaient à la question ? Toutefois, sentant parfaitement l'intime liaison, non pas de l'appareil encéphalique avec l'appareil vocal, mais de la parole avec la pensée, au lieu de l'embrasser en maître, avec l'immense ressource de toutes les lumières appropriées, il rapetissa son sujet jusqu'au terre à terre d'une simple conversation d'homme du monde, en se bornant à examiner dabord la grande question préalable de l'intelligence des bêtes.

Isolant ainsi l'étude pratique du système nerveux et de ses fonctions, il se plut à rapprocher certains actes, d'une médiocre importance, de leurs causes déterminantes supposées, en faisant très-bon marché du problême. C'est ainsi que ce médecin célèbre, décidant à lui seul ce grave débat, déclare que les animaux ne sont point doués d'intelligence, et, comme dans les prémisses de cette étrange conclusion il n'avait pas dit un seul mot de l'encé-

phale ni de ses fonctions, pas plus que des appareils
sensoriaux et de leurs labeurs habituels, il crut n'a-
voir nullement besoin de légitimer la présence, dès-
lors inutile, superflue, inexplicable même, de chacun de ces divers appareils. En un mot, sans employer les faits recueillis par d'autres, sans être en
aucune manière au courant des travaux immenses
et nombreux des auteurs qui précédèrent ses leçons,
il amoindrit tellement la question, qu'il finit, pour
ainsi dire, par ne plus l'apercevoir; et, c'est en procédant ainsi que ce Professeur croit pouvoir conclure
hardiment, et comme d'habitude paradoxalement, à
la non-intelligence des animaux.

Une circonstance particulière, non moins extraordinaire aussi que la méthode employée pour
arriver à une conclusion aussi étrange qu'inatten-
due, c'est que l'illustre Professeur ne se soit même
point aperçu que, dès ce moment, il devenait parfaitement inutile de poser la question secondaire du
langage des bêtes. C'était là un enchaînement logique, rigoureux, et qui pourtant échappa, je ne
sais comment, à un esprit aussi supérieur. En effet,
puisque l'habile dialecticien n'aurait certainement
pu nier l'intime connexion de la parole et de la pensée, comment se fait-il donc que, sans s'apercevoir de cet enchaînement invincible, l'éloquent Professeur ait pu juger nécessaire de démontrer surabondamment que les animaux ne pensant point ne
pouvaient conséquemment point parler, car bien
évidemment parler n'est autre chose que donner à
sa pensée une forme sonore, une existence matérielle, une traduction palpable. Enfin ce savant

pouvait-il bien ignorer que son opinion compte un très-grand nombre d'adversaires dont quelques-uns méritent l'honneur d'une réfutation? Et puis, la Pathologie Mentale des animaux n'existe donc pas non plus, et cette vérité, vulgaire aujourd'hui dans les Ecoles Vétérinaires ou Médicales d'Allemagne, ne serait donc qu'une erreur? Gardons-nous de tirer de cette circonstance tous les avantages qu'elle nous présente, et bornons-nons à suivre un instant le célèbre Professeur de Physiologie sur le véritable terrain où il s'est placé, et qu'il voulait explorer. Quant à nous, gardons-nous bien aussi de répéter, même une faible partie de tout ce que nous avons déjà largement exposé ailleurs, et entrons en matière, comme si l'intelligence des animaux était un fait généralement admis, comme une inattaquable vérité, accessoire pourtant à la question actuelle.

Pour arriver à nier l'existence de l'Idiomologie des Animaux, M. Lordat n'hésite point à emprunter à d'autres qu'à lui des arguments si imbelles qu'il eût beaucoup mieux fait de les rejeter. Ainsi, se servant d'une objection digne à peine de l'antagoniste malencontreux dn médecin de Louis XIII, et qu'un esprit aussi supérieur aurait dû regarder comme de fort minime valeur, M. Lordat dit, avec Chanet : en effet, pour me persuader qu'une bête raisonne, il faudrait qu'elle me le dît elle-même !

J'ignore si tout le monde me ressemble, mais ce que je sais très-bien, c'est qu'alors même que tous les Chanet, ou, ce qui revient au même, tous les Reiffenberg (1) du monde m'affirmeraient un mil-

(1) V. Annuaire de la Bibliothèque Royale de Bruxelles, in-18. Bruxelles 1844. Passim.

lion de fois qu'ils ont autant de science et d'esprit
que de raison, que de politesse et d'aménité,
je ne les croirais jamais. Est-ce que l'affirmation n'est pas en général la figure la plus com-
munément employée par l'ignorance ou l'incapacité?
N'est-elle pas surtout à l'usage de ceux qui diva-
guent?

Le célèbre Physiologiste va plus loin encore, puisqu'il ne craint point de dire : Oui, je sens comme
Chanet (c'est lui faire, ma foi, beaucoup trop
d'honneur !) que, pour être sûr de la rationalité
de l'action d'un animal, j'aurais besoin qu'il m'en
fît la déclaration formelle ou par un langage pho-
nique (sic) ou par un langage muet, sans équi-
voque. A ce prix, je crois qu'un Osage risquerait
de n'être pas plus heureux que tout autre mammifère auprès de M. Lordat. Plus loin, enfin, je remarque cette phrase qui me paraît encore moins logique : J'aurais besoin d'entendre un animal m'exprimer une pensée par le langage pour être sûr de
sa raison. Et puis, ensuite, est-ce que les aliénés
ne font pas usage de la parole chaque jour, sans être
pour cela plus raisonnables ? J'avouerai en outre
que je ne comprends pas trop quel langage muet
pourrait exprimer clairement la rationalité de l'action d'un animal, et quant au langage phonétique,
exigé avec un peu plus de logique, que prouverait-
il donc, si M. Lordat ne le comprenait pas ? Dieu
me préserve de mettre un seul instant en doute
l'immense érudition du Professeur de Physiologie,
mais je serais cependant assez porté à croire que
tous les habitans actuels de l'Europe, moins une assez forte partie de ceux d'Italie, d'Espagne, de

Portugal, de Hollande, d'Allemagne, d'Angleterre, et même de la France qui parlent des patois (1) pourraient à peine être entendus. Quant aux autres, ils affirmeraient très-inutilement qu'ils parlent et qu'ils raisonnent, puisque M. Lordat ne les comprendrait pas. Le savant Professeur en est logé exactement à ce point relativement à l'Idiomologie des Animaux. Il n'entend point les langues des oiseaux ni celles des mammifères, parce qu'il ne les comprend pas. Il se trouve donc à peu près dans la même position que les savants qui nient l'existence du sanscrit, et si l'illustre Professeur de Physiologie était aussi exigeant pour toutes les races humaines, je crois qu'il arriverait inévitablement à refuser le don de la parole aux races nègres, cuivrées, jaunes, rouges et à la moitié au moins des hommes de la race caucasique.

En effet, en procédant ainsi l'on peut avec tout autant de raison, avec tout autant de fondement, dire que les Hottentots, que les Kamchaktdales, etc., ne jouissent point des fonctions de l'organe vocal, qu'ils possèdent pourtant aussi intègrement que nous. M. Lordat ne nous parait donc pas avoir plus raison lorsqu'il dit, à propos des essais de transcription et de traduction, plus libre encore que spirituelle, de Dupont de Nemours : pour les citer, dans un livre de physiologie, j'aurais attendu que les araignées et les rossignols eussent certifié la fidélité de la traduction !

_____

(2) Pierquin de Gembloux, Histoire littéraire, philologique et bibliographique des Patois, in-8°. Paris 1840.

Ceci n'est pas plus que ce qui précède de la science; ce n'est pas de l'anatomie, ce n'est pas de la physiologie, ce n'est même pas de la littérature, c'est une simple causerie de salon. En effet, où le célèbre physiologiste a-t-il donc vu que les araignées étaient douées de l'appareil vocal? Je ne connais qu'un homme qui ait dit que ces insectes prononçaient les mots *tak* et *tok*, et. cet homme n'était ni anatomiste, ni physiologiste, et de plus M. Lordat ne lui accorde absolument aucune confiance, c'est Dupont de Nemours. Mais, peu importe! est-ce que, dans tous les cas, il exigerait un certificat semblable pour toutes les traductions qui passeraient sous ses yeux? C'est également peu probable, car lui seul au monde aurait le courage, le temps et la puissance d'utiliser un pareil système de conviction. Enfin, à ses yeux, il n'y a guère plus de différence, par exemple; entre une locomotive et un cheval, qu'entre le poids d'un tourne-broche et un chien remplissant les mêmes fonctions.

En invoquant ensuite ces paroles du Psalmiste: « Ne devenez pas semblable au cheval et au mulet, qui n'ont point d'intelligence (de sagesse), et pour la conduite desquels il faut serrer les mâchoires avec les mors et régler les pas avec les rênes (Ps. xxxi), » M. Lordat, ignorant une foule de passages de la Bible disant tout le contraire, oublie en outre qu'en principe les rênes et les mors furent imaginés autant pour vaincre la résistance ou l'obstination que pour économiser de temps en temps la parole du commandement, et pour suppléer immédiatement à l'absence complète de toute relation antérieure

entre le cheval, le mulet et nous. Ceci est tellement
encore une autre vérité, que dans la majeure partie
des circonstances on obtient exactement la même
vitesse ou la même lenteur, ou la même direction,
sans employer en aucune manière le secours mécanique des rênes ou des mors, et cela exclusivement
et tout simplement à l'aide de la parole bien com-
prise, lorsque l'animal, quel qu'il soit, a eu le temps
de l'apprendre et d'en connaître toute la valeur ; car,
il est bien incontestable, quoi qu'en dise l'illustre Professeur, que les animaux partagent également avec
nous la faculté d'apprendre toute langue vivante ou
morte, et cela dans le cercle, très-limité sans doute,
de leurs devoirs ou de leurs besoins, aussitôt que le
maître le veut. Nos domestiques sont-ils plus savants
ou plus habiles ?

Tous ces faits sont incontestables, et pourtant
M. Lordat n'hésite point à s'écrier encore : Je de-
manderai si la voix humaine, à laquelle les animaux
obéissent, excite en eux le souvenir d'une idée ou
bien si elle est simplement un bruit, prélude pro-
chain d'un coup vigoureux, que l'instinct évite ou
d'une perception voluptueuse qu'il recherche ? Ne
pourrait-on pas en dire exactement autant, et tout
aussi raisonnablement à propos des domestiques ou
des esclaves et de nous-même ? Quoiqu'il en soit,
tel est l'Historique rapide des travaux divers dont
l'Idiomologie des Animaux fut l'objet jusqu'à ce
jour ; en nier l'existence serait agir dorénavant comme
les Moscovites qui, jusqu'au xvii° siècle, appelèrent
muets (nemoï) tous les étrangers, dont ils ne comprenaient point l'idiome, parce que ne point parler leur

propre langue, c'était, selon eux, être privé de la
parole (1).

Tel est l'historique de la question, et pourtant le
nombre des esprits supérieurs qui admettent comme
un fait inattaquable l'existence de l'Idiomologie
Zoologique, est bien loin d'être aussi restreint que
celui des auteurs qui écrivirent en sa faveur. Il me
serait on ne peut plus facile de faire ici une interminable liste d'hommes distingués regardant ce fait
comme incontestable. Je me bornerai tout simplement à citer l'illustre descendant de Vasco de Gama,
l'auteur de la *Théorie des Ressemblances*, M. de
Gama Machado qui, depuis plus de quarante années,
vivant au milieu d'oiseaux indigènes et exotiques,
ne se trompe jamais sur la valeur idéologique du
moindre de leur cri, du plus faible de leurs mots et
les traduit avec une incroyable précision; M. Cham-
pollion-Figeac auquel on ne refusera ni l'esprit, ni
la haute raison, qui avait un chien dont il comprenait parfaitement l'idiome extrêmement riche, pré-
cis et varié, etc. Je pourrais facilement multiplier
à l'infini les faits de ce genre, mais je me bornerai
à ajouter maintenant, pour prouver encore que
cette opinion est le lot inévitable et l'opinion nécessaire des plus hautes capacités, que je n'oublierai jamais avec quel esprit, avec quelle sagacité, avec
quel profond génie d'observation M. Dupin l'aîné
m'exposa toute sa science sur ce sujet si neuf.

(1) Levesque, Histoire de Russie, t. iv, pag. 147.

DEUXIÈME PARTIE.

———◆◆◆———

ANATOMIE ET PHYSIOLOGIE.

———◆◆◆———

L'existence des organes entraîne
tout naturellement celle de leurs
fonctions.

———

L'idée que les animaux ont tous
les organes du sentiment pour ne
point sentir, est une contradiction
ridicule.

VOLTAIRE.

IDIOMOLOGIE

ANIMAUX.

Les hommes à spécialité, si nombreux et si divers, qui s'occupèrent successivement de l'Idiomologie des Animaux; les différents genres de travaux qu'ils entreprirent, sous ce point de vue, suffisent déjà peut-être pour démontrer combien ce sujet immense est complexe. Comme la plupart des faits capitaux de l'observation de la nature, celui-ci ne saurait être apprécié non plus, dans toutes ses parties, que par le concours synergique d'une foule de sciences différentes, dont les domaines sont limitrophes sans doute, mais qui n'en sont pas moins tranchés et distincts. Ainsi en l'étudiant logiquement et dans toute son étendue, il est plus qu'évident que la première partie appartient complètement à l'examen purement anatomique des organes de l'audition et de la phonation, celui de l'encéphale une fois fait. Comment concevoir, en effet, une phonétisation idéologique, aussi limitée, aussi imparfaite que l'on voudra l'imaginer, sans l'existence préalable du cerveau et en l'absence des organes nécessaires à cette même phonétisation?

Il est donc manifestement évident que la première

condition essentielle, est la présence d'un appareil encéphalique, et nous ne répéterons point non plus ici tout ce que nous avons écrit ailleurs sur l'intime connexion de la pensée et du cerveau, mais je dirai en termes généraux que l'intelligence et la parole croissent en proportion de l'importance de l'encéphale, sans acception ni de forme, ni de volume. Je n'ai point à me prononcer sur la valeur des circonvolutions cérébrales; ce que je sais aussi, c'est qu'elles vont en diminuant, en s'effaçant, à mesure que l'on descend dans l'échelle zoologique. Le cerveau des Wistitis, qui par leur forme appartiennent aux quadrumanes, par leurs mœurs à ceux-ci et aux rongeurs, par leur intelligence aux animaux qui occupent le haut de l'échelle, ne fait nullement exception à cette règle générale, mais seulement ils se rapprochent encéphaliquement et, comme on le voit, moralement des rongeurs, puisque les circonvolutions sont si faibles qu'elles pourraient paraître douteuses. C'est ainsi que le cerveau du Maki, singe inférieur encore au Marikina, est une ébauche de celui de l'Orang-Houtang, de même que celui de ce quadrumane est l'ébauche de l'encéphale humain.

La seconde condition essentielle est un appareil phonétique servi dans ses fonctions par le secours si important de l'appareil auditif, et tous deux mis en rapport immédiat et naturel avec l'étendue et la qualité des sons vocaux nécessairement liés aussi aux fonctions physiologiques ou pathologiques de l'organe en tous points supérieur, dont nous venons de parler.

Après les manifestations irrécusables et décisives

de l'Anatomie comparée, vient aussitôt la Physiologie qui dit, de la manière la plus positive et la plus absolue : Qu'est-ce qu'un organe complet et sain ne remplissant absolument aucune des fonctions qui lui sont attribuées? De toutes les utopies scientifiques, celle-ci serait certainement la plus inexplicablement absurde.

Lorsque l'Anatomie et la Physiologie ont ainsi mis hors de doute un système de phonétisation quelconque, plus ou moins étendue, la Philosophie s'empare à son tour très-légitimement de la partie de la question qui lui revient de droit, et elle constate, jusqu'à la plus irrésistible évidence, les constantes relations de la pensée avec les sons vocaux ; et, à propos de cette expression, hâtons-nous de dire que M. Lordat lui-même reconnaît, à l'exemple de de Brosses et d'autres écrivains, que l'expression de sons vocaux n'est pas employée seulement pour les cris du larynx qui forment la voix, mais qu'on donne collectivement ce nom à tous les bruits opérés par les organes qui contribuent à exercer la parole (1).

Après avoir successivement recueilli toutes les lumières fournies par chacune de ces sciences, viennent enfin l'observation et l'étude de l'Idiomologie des Animaux dans chacune des familles zoologiques ; puis, pour couronner le grand œuvre, arrive aussi jusqu'à la philologie humaine avec les immenses richesses qu'elle a déjà réunies sur tous les points du globe, soit pour les temps modernes, soit pour l'antiquité. C'est elle qui, dans les témoi-

(1) Journal de la Société de Médecine Pratique ; in-8°. Montpellier 1843, pag. 228.

gnages qu'elle recueille journellement en faveur de
l'unité de l'espèce humaine, établit et démontre pé-
remptoirement entre les innombrables idiomes de
l'espèce humaine et ceux des familles zoologiques,
la même ressemblance décroissante, que celle que l'on
remarque à chaque instant, entre l'anatomie et la
physiologie des uns et des autres ; résultat admirable
en lui-même, autant que dans ses conséquences, et
qui confirme à sa manière la divine authenticité
des Livres Saints.

Là n'est pourtant point encore, dans tout son
entier, le cercle scientifique dans lequel est renfermé
l'Idiomologie des Animaux. L'on doit très-bien concevoir en effet qu'alors que l'on a irrésistiblement
constaté, chez les animaux, l'existence anatomique
et physiologique des appareils phonétiques, et ils
n'existent que là où il y a un cerveau ; lorsque l'on
a clairement démontré ensuite les relations de la
pensée avec la phonétisation, ainsi que l'intime
analogie physique des sons pensés de l'homme et
des animaux, l'on est encore bien loin d'avoir tout
vu, tout dit sur cette matière inépuisable, puisque,
ainsi qu'on ne saurait le nier, les fonctions de l'organe vocal ne cessent jamais, dans l'échelle zoologique, que là où l'organe lui-même disparaît complètement.

Si, après ces prolégomènes, nous jettons maintenant un coup-d'œil rapide sur l'anatomie de l'appareil vocal dans toute l'échelle des êtres ; si nous
cherchons ensuite à expliquer la physiologie de chacun
de ces appareils plus ou moins variés dans différents
points de leur conformation ; en d'autres termes, si

nous mettons constamment en rapport l'organe spécial
et ses fonctions, quelle que soit d'ailleurs leur étendue,
nous arriverons inévitablement à pouvoir conclure,
avec toute espèce de certitude, qu'il y a bien incontestablement une relation intime entre la phonétisation et les diverses circonstances anatomiques
de l'appareil vocal ; car si cette proposition, toute
neuve qu'elle est, n'était pas la vérité même, comment expliquerait-on les modifications diverses, les
variétés nombreuses et tranchées de l'appareil vocal et de la voix, que l'on remarque en parcourant l'ensemble du cadre zoologique ? Ainsi, par
exemple, comme certains singes, le cheval n'a-t-il
pas derrière le pharynx, au niveau des arrières-
narines, deux grands sacs dans lesquels l'air pénètre
nécessairement aussi dans tout effort vocal ? Pourquoi certains animaux, appartenant à des familles
éloignées et différentes, ont-ils aussi cette même
organisation particulière dans ce même appareil ?

Il me semble qu'il ne saurait y avoir absolument
aucun doute ; si la voix et par conséquent l'appareil
phonétique avaient dû être exactement identiques
dans tous les animaux, ce qui n'arrive même pas
dans l'espèce humaine, tous les êtres eussent eu
aussi, très-exactement et très-nécessairement, la
même conformité anatomique de l'appareil phonético-auditif. Ainsi la différence tranchée des idiomes
humains ne s'explique pas aussi parfaitement que
ceux des animaux par les différences anatomiques
que présente chaque famille zoologique (1), de même

(1) Dugès, Traité de Physiologie comparée de l'homme et
des animaux, in-8°. Montpellier 1838, tom. II, pag. 209 à 280.

que les ressemblances parfaites amènenti névitable-
ment les mêmes sons, toujours sous l'empire des
mêmes circonstances pathétiques. Un chat, sourd
de naissance, miaule devant une porte pour se faire
ouvrir, parce que son intelligence lui dit que c'est là
le seul moyen d'atteindre son but, et ce miaulement
n'est pas du tout le même que celui de l'amour ou
de la colère, parce que inévitablement ces sentiments opposés ne s'expriment pas du tout sur les
mêmes notes, sur les mêmes points de l'échelle vocale ou de la gamme des voyelles. Chaque passion
a sa note spéciale; et si Conrad Amman, ainsi que le
grand Haller, étudièrent physiologiquement chacun
des sons de la langue allemande, je puis affirmer
que les mêmes recherches appliquées à l'Idiomologie
des Animaux obtiendraient exactement les mêmes
résultats quant à l'alphabétisme.

Nous ne saurions trop le répéter : il est plus qu'évident que la bradylogie, si commune chez la plupart
des animaux, est toujours l'inévitable conséquence
de la bradynousie, de même que l'aphonie apparaît
où n'existe plus l'appareil vocal, où par conséquent
s'efface l'intelligence. En un mot l'anatomie rend
toujours compte de l'étendue et de la puissance de
la voix, détails par trop vulgaires pour ceux qui
connaissent les premières lignes des sciences naturelles et que d'ailleurs on retrouve partout (1), que
nous sommes presque honteux de rappeler et que
nous ne pourrions pas reproduire ici sans outre-
passer inutilement les limites raisonnables de notre
sujet.

(1) *Ibid.*, tom. ii, pag. 241 à 252.

En général tout ce qui constitue, je ne dis pas la physiologie de la voix, mais la physiologie du langage reste à faire. C'est une science fort importante qui n'est même point encore dans l'enfance, je ne dis pas seulement cela quant à l'Idiomologie des Animaux, mais encore quant à l'Idiomologie humaine. En effet, aucun anatomiste, aucun physiologiste, et je n'en excepte ni Amman, ni Haller, ni Muller, ni même Rapp (1), etc., n'éclairèrent jusqu'à ce jour, de leurs précieuses recherches, de leurs fécondes méditations, aucune de ces bizarreries phonétiques, déjà notées par les philologues modernes sur les différents points du globe. Je ne sais vraiment point par quelle constante fatalité les premiers ignorèrent ou dédaignèrent toujours les travaux des derniers et pourquoi ceux-ci agirent à leur tour de la même manière à l'égard des autres. Ainsi tout demeure donc bien évidemment à faire sous ce nouveau point de vue ; tout reste à entreprendre, à commencer même, quant à ce qui touche ou concerne les relations intimes de la parole avec les appareils de la voix et de l'ouïe, sous le rapport anatomique, physiologique et pathologique.

De beaux, de magnifiques résultats couronneront un jour les investigations physiologiques de ce genre. En effet, ne peut-on pas déjà se regarder comme en droit de penser que l'anatomie chorographique de l'appareil phonétique, si bien appréciée par Court de Gébelin et son savant commentateur, explique-

(2) Versuch einer Physiologie der Sprache, 2 vol. in-8°. Berlin 1826 et 39.

rait pourquoi telles ou telles lettres n'existent jamais
ou ne commencent jamais les mots ni chez les hommes,
ni chez les animaux, de telle ou telle latitude? Pourquoi tel peuple, tel animal, sont riches en sons
gutturaux, d'autres en sons nasaux, d'autres en
sons sifflants, etc., en nous servant des dénominations généralement reçues, quoique mauvaises, ainsi
que le démontrera l'Idiomologie des Animaux? Pourquoi la voix est éclatante ou sonore chez les uns,
nasillante et sourde chez les autres? Pourquoi enfin
tous les peuples, qui nous paraissent avoir très-certainement et bien exactement la même conformation
anatomique de l'appareil vocal, auditif et cérébral, n'ont pourtant ni la même voix, ni la même
accentuation, ni la même prononciation, ni les
mêmes sons? En un mot, pourquoi tous les peuples
ne tirent pas du même instrument les mêmes
sons, les mêmes articulations, les mêmes intonations?

Il y a plus encore, ainsi que nous le verrons également plus loin, comment se fait-il donc, à ce
propos, que l'on retrouve également chez les animaux jusqu'à la voix humaine et même jusque dans
ses innombrables nuances particulières, alors pourtant qu'il y a, et l'on ne saurait en douter, dans
leurs appareils vocaux des différences anatomiques
et physiologiques extraordinairement sensibles? En
effet, est-ce que la voix purement humaine ne se
rencontre pas sous toutes les latitudes et dans une
perfection vraiment étonnante? Est-ce que le Bouvreuil, la Pie, le Geai, la Corneille, l'Étourneau,
la Grive, le Merle, le Corbeau, la Perruche, le Per-

roquet et même le Chien, ne reproduisent pas exactement la parole humaine? Est-ce que l'absence de tel ou tel son, ou bien de telle ou telle intonation, ne s'expliquerait pas par la faiblesse native ou l'inaction originelle, quoiqu'imperceptible dans sa cause anatomique ou physiologique, de quelque point matériel des trois tubes phonétiques? Pour en finir, je me plais à proclamer en somme, et d'une manière positive, que nous n'arriverons jamais à quelque résultat utile, dans les recherches que nous avons le désir de provoquer, qu'après que nous aurons profondément étudié l'organisme vocal, dans tous les êtres, sous le point de vue de ses rapports avec leur différent système particulier de phonétisation. Dans ces circonstances diverses, il faut donc nécessairement qu'il y ait une raison anatomique incontestable de ces différences vocales qui semblent après tout servir, comme chez les tribus humaines, à caractériser chaque famille zoologique, aussi bien que leur pelage ou leur excrément. Les mêmes circonstances doivent encore rendre raison des nuances si nombreuses et si opposées que présente la voix humaine sur toute la surface du globe. Concluons donc que la physiologie du langage, cette partie la plus essentielle de la philologie, ne peut bien évidemment avoir d'autre base non plus que l'anatomie et la physiologie comparées. Ainsi, sous ce rapport, la Zoologie est encore une fois appelée à rendre les plus grands services à l'Anthropologie.

Il faut bien convenir aussi que la nature qui semble avoir donné l'intelligence à toutes les organisations, dans des proportions toujours constantes quoique

décroissantes il est vrai , ne paraît cependant point
avoir accordé à tous les êtres , avec la même libéra-
lité, les moyens si précieux de lui donner une
forme physique, de la matérialiser , c'est-à-dire
d'exprimer vocalement tout ou partie de ses innombrables nuances par des vibrations particulières
imprimées au produit délétère de l'expiration pul-
monaire.

Depuis Aristote jusqu'à nous, l'homme ayant exclusivement fait l'objet des études anatomiques et
physiologiques , il en est tout naturellement résulté
que l'on a du perdre complètement de vue les animaux jouissant, comme lui, des mêmes organes et
des mêmes fonctions, quoique dans des proportions
d'autant plus étroites que l'on descend plus bas dans
l'échelle zoologique. Dans tous les cas , il faut prendre un soin extrême pour ne point confondre la
voix , ou les sons organisés comme paroles, avec
certains bruits résultant, par exemple, du frotte-
ment des lames ou des écailles dont certains insectes ou reptiles sont doués ; le stridor , enfin, qui
sert bien aussi d'expression à une pensée sans doute,
mais qui ne saurait être considéré comme le produit
d'une phonétisation spéciale, et dès-lors très-variée.
Voilà très-probablement ce qui a fait dire , avec raison , au naturaliste romain : *vocem non habere nisi
quæ spirent Aritoteles putat ; idcirco et insectis sonum
esse non vocem.*

Ainsi les vertébrés presque seuls sont doués d'un appareil phonétique dans lequel l'air expiré éprouve des
mouvements moléculaires qui le rendent sonore et
lui impriment une valeur idéologique constante, uni-

forme, inévitable. Cet air impur, rendu sonore ainsi, se nomme voix ou parole, et se distingue très-facilement de tout autre bruit inintelligent par un timbre particulier et propre à chaque être, quoique ses nuances ou ses différences ne soient point également perceptibles dans toutes les circonstances, pour chacun de nous, et constituent inévitablement des modifications spéciales dont l'organisation et la pensée peuvent seules rendre compte d'une manière complètement satisfaisante.

L'on ne saurait disconvenir maintenant que pour résoudre en connaissance de cause le grand problème de l'Idiomologie Zoologique, le point de départ est surtout essentiel ; aussi me paraît-il naturel de croire qu'il faut d'abord préciser ce qu'on entend, en Grammaire Générale, par l'expression de mot ou parole. M. le professeur Lordat dit que c'est une *suite* de sons articulés, *arbitraires, inventés et convenus*, pour faire naître, dans l'esprit de celui qui les écoute, les idées et la pensée que veut émettre celui qui prononce ces sons (1). Nous ne nous arrêtons point aux erreurs inexplicables et nombreuses que contiennent ces quelques lignes, et nous nous bornerons à admettre la définition matérielle de ce que l'on doit entendre par mot ou parole. Pour nous, de même que pour l'auteur de cette définition bizarre, *tout son vocal*, exprimant une idée, quelle que soit d'ailleurs sa durée, son accentuation et sa composition, est un mot. En effet, *oui*, composé de trois voyelles, est tout aussi bien un mot que *non*, composé d'une seule et de deux consonnes, etc. Ces

(1) Journal de la Société de Médecine-Pratique. *Loco citato.*

prémisses une fois posées , examinons rapidement l'état anatomique et physiologique sur lequel se base naturellement l'Idiomologie Zoologique.

Poissons. — Aristote , Pline , Rondelet, G. Cuvier , M. Valencienne , etc. , n'hésitèrent nullement à admettre , sur ce point éminement intéressant et curieux de la Zoologie , les résultats journaliers de l'observation populaire , et que les noms de Truie , de Porc , de Grogneurs, ainsi que leurs composés ou dérivés ; ceux de Corbeaux , de Coucou , de Tambour , etc. , donnés à divers Poissons marins , constatent , d'une manière empirique mais peu décisive pour moi , l'existence de la phonétisation chez les Poissons de mer. Cependant , et je dois le dire aussi , G. Cuvier et M. Valencienne sont même allés plus loin encore en ce qui regarde les Sciénoïdes : ainsi , la *Sciœna aquila* , la *Sciœna gurnardus* , la *Sciœna trilineata* , ainsi que Lamantin , (*Trichecus manotus* Cuv.) le Cachalot , (*Physetes macrocephalus* , Cuv.) etc., suivant les voyageurs , seraient doués de la parole.

Malgré ces graves autorités , nos recherches ne nous permettent point de croire ce fait. Ajoutons aussi , contre nous , qu'Athénée a dit positivement que le nom de Bogue (Βωξ, venant de Βοὴ, cri) fut donné à une espèce de Spare (*Spari* L.) , parce que ce Poisson de mer crie , et qu'Aristote reconnaissait des Poissons parleurs qu'il nommait Λυρα , Χρομις, Καπρος, Χαλκις, Κοκκυξ (1) etc, que l'on croit être les genres *Trigla, Cottus, Sciœna, Pogonias,* etc. Un

---

(1) Histor. Animal., lib. iv , cap. 9.

savant collègue de M. Lordat recueillit aussi un très-grand nombre de faits de ce genre (1). Dans tous les cas, je ne crois pas que l'on puisse refuser de nous accorder que ce serait ici le point le plus infime de la phonétisation, et tout-à-fait en rapport avec une structure anatomique dans laquelle l'appareil vocal existe à peine. Ainsi, d'après le peuple, d'après Rondelet et Dugès, le dictionnaire des poissons, dont l'abbé Dicquemare ne parla point, se bornerait alors à la prononciation pure et simple de l'expression *Vou* ou *Kou*, ou bien *Kau* ou *Krau*, monosyllabe auquel ces savants n'assignèrent même aucune valeur idéologique.

REPTILES. — Sous le point de vue de la phonétisation, les Reptiles sont mieux lotis que les Poissons puisqu'ils ont un organe vocal et que les Poissons n'en ont pas. Le sifflement des Lézards (*Lacertæ* L.); des Serpents (*Amphibia serpentes* L.), etc., si semblable d'ailleurs à celui des Ouistitis, qui ont pourtant une organisation si différente quant à l'appareil phonétique, ne saurait être considéré non plus comme le produit d'une véritable phonétisation. Le son, le bruit, dans ce cas, n'est point laryngien. Nous n'en dirons point autant de la phonétisation explosive et clappante des Geckotiens, (*Ascalabotes*. Cuv.) que MM. Duméril et Bibron attribuent au seul clappement de la langue contre le palais, que les grammairiens espagnols des langues du Nouveau Monde nomment si énergiquement *Castagnuelas*; et dont, dans l'espèce humaine, les Américains parlant

(1) Dugès, *loco citato*, t. II, p. 235 et seqq.

l'idiôme Quitchoua, sont les seuls qui puissent en
donner une idée.

Ici se présente une difficulté historique opposée
encore à notre opinion. Le Serpent, dit la Bible,
abusa de son éloquence pour séduire Ève : mais on
vient de le voir ; aucun des Serpents que nous connaissons aujourd'hui ne possèdent l'appareil vocal :
comment dès-lors celui-là pouvait-il parler la même
langue que notre première mère ? La Géologie se
charge de répondre aussi à cette objection. En
attendant, ce qu'il y a de sûr, c'est que Josephe,
Philon, saint Basile, saint Ephrem, Dom Calmet,
etc., ne doutent nullement de la réalité de cette
conversation. Ne pourrait-il pas se faire en effet,
comme la nature ne procède jamais par sauts mais
toujours par transitions insensibles, qu'un Ophidien,
perdu aujourd'hui, eût été doué des rudiments pulmo-
naires que nous allons trouver dans la famille qui suit
immédiatement celle-ci dans le cadre zoologique ?

En effet, déjà parmi les Reptiles, le Crocodile,
les Grenouilles, les Crapauds et les Pipas, la voix
naît dans le larynx comme dans les mammifères. Le
larynx du Crocodile (*Lacerta Crocodilus* L.), possède de très-fortes cordes vocales, ou lèvres de la
glotte, qui ont au-dessous d'elles des ventricules spa-
cieux de chaque côté. Elles sont mises en action par
le même mécanisme que chez l'homme, et produisent le même résultat. Dans la Grenouille mâle
(*Rana esculenta* L.), les cordes vocales sont dou-
bles, et, chose extraordinaire, c'est que quelques
espèces ont dans le ligament vocal un petit cartil-
lage dont Mayer a donné la figure d'après le *Buffo*

Lazarus et que Savart a rencontré chez les oiseaux chanteurs. Nous aurons souvent l'occasion de rencontrer chez des animaux de familles très-différentes des circonstances anatomiques se rattachant à ces mêmes familles et jouissant par conséquent des mêmes fonctions physiologiques. C'est ainsi que la nature attache et lie sans cesse tout ce qu'elle isole, tout ce qu'elle sépare. Quoiqu'il en soit, les sons laryngiens permettent à la Grenouille mâle de produire sa voix dans le larynx en fermant la bouche et le nez; car l'air, qui fait vibrer les cordes vocales, peut s'écouler dans leur intérieur. Dans l'appareil du Pipa mâle, les sons naissent de la vibration de corps solides; comme chez les Batraciens en général, la trachée-artère manque à cette organisation anormale et curieuse, et les bronches partent immédiatement du larynx; les tiges cartilagineuses, décrites par Mayer (1), agissent comme des languettes en forme de verge ou comme un diapason, tandis que les organes vocaux ordinaires des animaux sont membraneux.

Ainsi, à partir des Ophidiens, plus nous nous élèverons dans l'échelle des êtres, plus la phonétisation devient incontestable et large : ainsi, en parcourant l'échelle intellectuelle et vocale on ne cesse jamais de suivre une progression constamment ascendante, tant sont intimes les relations de la pensée et de la voix! C'est si vrai, que sous ce rapport l'ordre a lieu de cette manière : les Salamandres terrestres (*Salamandræ*. Brogn.), le Lézard ou Algire (Ed-

(1) *Nova acta Naturæ Curiosorum*, t. xii, p. 11, p. 541.

wards), la Sirène (*Sirenæ*. L.) dont Berton nie pourtant le chant que Gerden n'hésite point à affirmer,
les Crocodiles (*Crocodili*, L.), les Caïmans (*Alli-
gatores*, L.), selon M. de Humboldt, etc., forment
une chaîne dans laquelle le développement vocal est
dans une progression incontestable , sous les deux
points de vue de l'anatomie et de la physiologie. ·

Ici commence donc, en réalité , une phonétisation plus étendue, plus parfaite et plus compliquée.
C'est celle des mammifères , car les vertèbres que
nous avons examinés plus haut jouissent déjà du
miaulement que l'on rencontre dans l'espèce féline ,
ainsi que les sanglots entrecoupés et les mugisse-
ments de l'âge adulte ; aussi leur glotte a-t-elle beaucoup de ressemblance avec celle des Batraciens , à
ce point que G. Cuvier la considère comme purement membraneuse , sans rubans vocaux , ni ventricules , bien qu'il y ait déjà au larynx cinq pièces
cartilagineuses et deux muscles , l'un·dilatateur,
l'autre constricteur.

L'appareil phonétique est peut-être encore plus
rudimentaire chez les femelles des Batraciens anou-
res , aussi leur voix est-elle bornée tout simplement à
un petit grognement différent un peu de celui de la
Grenouille (*Ranæ*, L.), et du Crapaud (*Buffo*,
Laur.), tandis que les mâles sont doués, au contraire,
d'une voix éclatante et large. Le son est fluté chez
les Sonneurs (*Buffo musicus*, L.), les Accoucheurs
(*Buffo obstreticans*, Laur.), et le Crapaud (*Buffo*,
Laur.), de même que chez le Wistiti. Chez les Grenouilles (*Ranæ*, Laurenti) , c'est un croassement
rauque; chez les Rainettes (*Hyla arborea*), c'est

un cri rétentissant, et cela, parce que leur larynx osseux est composé de trois pièces qui ne sont guère plus flexibles que les parois d'une flûte, qu'il est soutenu par deux sacs sous-cutanés, voisins des oreilles et rempli d'air, exactement comme dans le cheval.

OISEAUX. — Lorsque la voix s'élève de plus d'un semi-ton, la parole est plus qu'accentuée ou proso- diée; elle est chantante. Par conséquent, une fois arrivé aux oiseaux, ce n'est plus seulement le son, la voix, c'est la parole même et la parole tellement accentuée, tellement modulée, comparée à celle qui l'est le plus dans l'espèce humaine, que c'est une parole chantée, en un mot que c'est un véritable chant, dont l'analogie avec le chant humain est telle, que l'on peut également le noter quant au son, et l'écrire quant aux paroles, car la pasigraphie est aussi applicable à l'Idiomologie des Animaux qu'à celle de l'homme. Quoiqu'il en soit, dans ces deux cas les phrases musicales peuvent être aisément sou- mises aux lois sublimés de nos méthodes, créées sans doute par le génie de l'homme, mais à l'imi- tation de celles de certains vertébrés.

Ici la voix a un timbre beaucoup plus harmonieux dans certaines familles que l'on nomme Oiseaux Chanteurs. Elle est plus suave que les sons les plus doux de nos instruments. Elle est infiniment plus avantagée, plus tendre, plus sonore, plus rapide que celle de la majeure partie des mammifères, à tel point qu'ils peuvent, comme l'avait très-bien vu M. Dugès, non-seulement exprimer par des cris instinctifs, les affections pathétiques si diverses qui agitent l'animal, comme l'homme, mais encore articuler notre propre langage et répéter jusqu'à nos mélodies. Et pourtant il y a de singulières différences entre les organes vocaux des oiseaux et ceux de l'homme, et il y a aussi des analogies non moins singulières! Ce qui paraîtra peut-être plus extraordinaire encore, c'est qu'il existe des différences anatomiques et par conséquent physiologiques très-notables non-seulement de famille à famille, d'espèce à espèce, mais encore d'individu à individu (1). Tout ceci est tellement encore une vérité que les femelles, qui n'ont en général point de voix chez les animaux, n'en ont pourtant pas moins les mêmes organes vocaux, beaucoup moins parfaits il est vrai que ceux de leurs mâles; aussi, sous ce point de vue, G. Cuvier était-il émerveillé d'entendre la Corneille et le Rossignol donner des sons si différents, alors que leur appareil phonétique était, à peu de choses près, dans les mêmes conditions, non pas physiologiques sans doute, mais anatomiques du moins.

En y réfléchissant un peu, n'est-on pas en droit de penser que c'est à peu près comme si le grand naturaliste avait été émerveillé de la différence extrême qui existe entre la voix des Hottentots et celle de Mme Pasta? C'est pourtant également ainsi que les conditions anatomiques de l'appareil vocal sont exactement les mêmes chez le Chien, le Bœuf (Malgaigne), et le Nègre (Dutrochet): aussi, ne faut-il, après tout, qu'une légère attention, assez long-temps soutenue il est vrai, pour bientôt se

(1) Dugès, *loco citato*, t. II, p. 242.

convaincre que les paroles ont entre elles une si frap-
pante analogie, que le Chien, beaucoup plus intelligent et plus éducable que le Bœuf, parlerait beaucoup plus facilement une langue humaine; de même
que de tous les oiseaux le Butor (*Ardea stellaris*. Cuv.),
est le seul qui imite parfaitement la voix du taureau.
Il résulte encore de là que certaines langues humaines iraient beaucoup mieux à ses organes vocaux
que d'autres. L'Woloff, par exemple, serait beaucoup plus facile pour lui que l'Italien, le Portugais
ou le Français; mais nous reviendrons bientôt sur
ce point non moins curieux de l'Idiomographie Zoologique.

Nous n'étudierons point ici l'anatomie de l'appareil phonétique des oiseaux qui ont de la voix; les
travaux de Savart et de Cuvier nous en dispensent.
Il nous suffira de dire que le larynx inférieur, situé
à la bifurcation de la trachée-artère et le bord interne des ouvertures bronchiales offrent une membrane semi-lunaire, nommée ligament vocal, qui
est on ne peut plus développée chez le Rossignol, la
Fauvette, le Serin, la Linotte, le Chardonneret, le
Verdier, le Pinson, le Rouge-Gorge, le Gorge-Bleue,
le Pouillot, le Traîne-Buisson, l'Ortolan de roseau,
l'Alouette, l'Hirondelle de cheminée, le Rouge-
Queue, le Tarin, le Daguet, le Troglodyte, le Pinson des Ardennes, etc., mais qui manque chez l'Oie,
le Canard, le Coq, le Gros-Bec, le Moineau, l'Hirondelle de fenêtre, le Roitelet, l'Hirondelle de
rivage, la Soulcie, le Bruant-Fou, la Mesange no-
nette, etc., et circonstance non moins extraordinaire, c'est que ce ligament a de plus grandes

dimensions chez les oiseaux qui peuvent apprendre à parler, comme si dans l'échelle phonétique Dieu avait encore ici réservé pour l'homme la supériorité qu'il lui assigna partout dans la création !

Nous pourrions encore montrer que l'étendue de la voix dépend aussi de quelques circonstances myologiques, mais il ne faut pas perdre de vue que c'est moins un essai sur l'anatomie et la physiologie des organes de la voix que des recherches sur l'Idiomologie Zoologique que nous avons maintenant en vue.

Mammifères. — Les conditions essentielles de la voix sont exactement les mêmes chez tous les mammifères, ainsi que l'ont démontré les beaux travaux de Brandt (1). Ici le son est toujours fourni par les ligaments inférieurs de la glotte, dont deux circonstances anatomiques viennent expliquer ensuite les variétés physiologiques. Ainsi les ligaments supérieurs de la glotte et les ventricules de Morgagni, manquent chez les Ruminants, ce qui prouve qu'ils ne sont point nécessaires à la production des sons graves. Les Solipèdes ont un ligament supérieur de la glotte, et par exception chez le Cheval, plus intelligent que l'Ane et le Mulet, la membrane muqueuse forme au-dessous de l'épiglotte un pli demi-circulaire qui va d'un ligament à l'autre (2), et au-dessous duquel est la cavité infundibuliforme dont j'ai déjà parlé. Au-dessus de ce pli se trouve une seconde cavité, plus spacieuse au contraire dans l'Ane et le Mulet.

(1) *Diss. de Mammalium quorumdam præsertim quadrumanorum vocis instrumento*, in-8°. Berlin 1826.

(2) Gurlt, Vergleichende Anatomie der Haussäugethiere, t. 11, p. 167.

Le Cochon a aussi un vaste sac membraneux au-dessous de l'épiglotte. L'identité dont nous parlons n'est même point défigurée chez les quadrumanes, mais seulement les parties résonnantes offrent souvent des dispositions particulières. Ainsi l'Orang-Houtang a, entre les cartilages thyroïde et hyoïde, une poche membraneuse, que Cuvier constata chez les Mandrills, le Papion et la Macaque. L'appareil de ce genre le plus vaste, est celui des Singes hurleurs que l'on trouve dans le Nouveau-Monde. Il consiste en une dilatation de l'hyoïde et du thyroïde en des sacs latéraux partant des ventricules, ainsi qu'en des sacs laryngo-pharyngiens. Outre ces modifications anatomiques, ayant tout naturellement leurs conséquences physiologiques, l'épiglotte a une forme spéciale et une grandeur démesurée.

Camper, Cuvier, Adelon, etc., attribuent, très-justement ce nous semble, l'aphonie de l'Orang-Houtang à la présence des sacs thyroïdiens. C'est également aujourd'hui l'avis de tous les naturalistes qui s'occupent de Physiologie Comparée. Cependant M. le professeur Lordat n'est point encore de cet avis, et sans dire pourquoi, comme d'ordinaire. Mais comme ses nombreux travaux scientifiques débutèrent par d'excellentes Recherches sur l'Anatomie du Singe verd, il devrait très-bien savoir que cette poche n'existe point chez tous les quadrumanes. Il sait de plus enfin, et j'en suis certain, que l'œil de l'Orang-Houtang, ainsi que toute sa physionomie, suffisent à l'expression mimique, profonde et forte, de son pathétisme.

Chez les Sapajous, au contraire, l'agrandissement des cartilages de Wrisberg, leur forme et celle de l'épiglotte donnent naissance à un tube recourbé, aussi leur voix est-elle sifflante ; circonstance physiologique présentée par les Wistitis, qui n'ont pourtant point cette disposition anatomique.

Ces contradictions entre la forme et le résultat sont on ne peut plus communes : tant il est vrai qu'il y a, dans la phonétisation en général, d'autres circonstances majeures que celles-là, dont il faut aussi tenir compte. Ainsi le Lion et le Chat ont bien sans doute le même appareil phonétique, et pourtant quelle différence dans leur voix et par suite dans leurs paroles ! L'homme et la femme ont aussi un appareil vocal anatomiquement identique, et pourtant quelle différence également dans leurs fonctions phonétiques ! Cette observation avait même si peu échappé aux habitans de l'Inde qu'ils avaient une expression particulière pour désigner la parole du Singe femelle qu'ils nommaient kakh (kakhati).

Ces faits nous conduisent à demander si l'organe vocal subit de grands changements dans la révolution de la puberté, chez les deux sexes, de manière à pouvoir expliquer ces altérations physiologiques profondes, je dirai même ces changements si complets et si brusques que présente alors la voix ? Ces variations si tranchées seraient-elles dues à ce que l'adulte a les cordes vocales du double plus longues ? Cependant celles-ci manquant chez les Bœufs, on conçoit très-bien dès-lors que sa voix ne saurait jamais ressembler ni à celle de l'homme, ni à celle du Chien. Il en est de même du Mouton, dont la phonation est tout aussi monotone que celle du

Bœuf, et, quelqu'attention que l'on puisse porter dans l'étude de leur langage, il me semble que le dictionnaire qui le compose aurait beaucoup de peine à remplir un petit carré de papier.

Ainsi que tout ce que nous venons de voir autorise à le penser, la voix paraît être plus proprement une faculté supérieure, accordée dans toute son étendue à certains mammifères en proportion du développement de leur intelligence. Chez eux, en effet, de même que l'intelligence va en s'agrandissant, l'appareil vocal, beaucoup plus compliqué, est infiniment plus parfait. Ici déjà l'on ne voit plus de larynx thoracique, comme dans les oiseaux ; tout se passe dans le larynx cervical, et cette circonstance majeure est si patente que l'on peut dire que la voix tend à se rapprocher du siège des idées, en proportion du développement harmonique de ces deux facultés. La voix en effet se rapproche tellement alors du réservoir idéologique, que l'on peut, pour ainsi dire, juger du degré d'intelligence par le timbre de la voix, de même qu'on peut juger du timbre de la voix par le développement de l'intelligence. C'est pour cela que les Italiens, les Portugais, les Brésiliens, les Grecs, les Orientaux, etc., qui ont plus d'esprit que nous, homme à homme, nasillent. Nous croyons pouvoir passer également sous silence les preuves anatomiques et physiologiques de cette assertion qui n'a du reste qu'un rapport assez éloigné avec le plan de ces recherches, d'abord parce que ceux qui nous comprendraient les connaissent, et ensuite parce que ceux qui ne les connaissent point ne nous comprendraient pas.

D'après tout ce que nous venons de dire, l'anatomie comparée atteste irrésistiblement que les mammifères surtout, que les oiseaux, etc., possèdent
bien réellement l'appareil vocal, dans une ressemblance anatomique et physiologique plus ou moins
parfaite avec celle de l'homme, mais constamment
en rapport avec l'étendue de l'intelligence individuelle.

Pourrait-on bien se persuader maintenant que
la prévoyante et sage nature eût ainsi doté les
animaux du luxe inutile et dérisoire de l'appareil
complet de la phonation en les privant de la phonation, c'est-à-dire des fonctions naturelles et nécessaires de ce même appareil? Non certes, car la
nature ne fait absolument rien d'inutile, et règle
générale point d'appareil organique sans fonctions,
point de fonctions sans appareil organique spécial;
or la fonction inévitable, unique et nécessaire de
l'appareil vocal étant la parole, tous les animaux
doués de l'appareil vocal sont incontestablement
dotés aussi de la parole, car l'existence des organes
entraîne tout naturellement celle de leurs fonctions.

TROISIÈME PARTIE.

— ◆ —

LINGUISTIQUE.

— ◆ —

Il est certain que les animaux
vivant en société doivent avoir
quelques moyens de s'entendre et
de se communiquer leurs idées.
G. PEIGNOT.

—

C'est une noble science qui est
encore au berceau, dont l'illustre
Volney a senti toute l'importance et
dont sa magnificence va faciliter les
progrès.
DUPONCEAU.

IDIOMOLOGIE

DES

ANIMAUX.

———◦◦◦———

Notre siècle s'est ouvert par ce que l'on a nommé les Sciences Comparées. Ce parallélisme a été un foyer de lumières qui seul a pu porter partout une clarté qui développa l'encyclopédie au point où elle en est. On sait tout ce que les sciences naturelles ont donné à la science de l'homme : c'est là le but et l'origine de l'Anatomie et de la Physiologie Comparées. Éblouis par ce résultat, les philosophes, je ne dis pas les philologues, tentèrent de faire une grammaire générale, ce qui est impossible du moins aujourd'hui, témoin les Œuvres d'Harris, d'Arnaud, de Lancelot, de Sylvestre de Sacy, de Draparnaud, etc. ; tandis qu'éclairés par la philologie, ils auraient été satisfaits d'avoir pu tracer à grands traits une grammaire comparative ou comparée, embrassant d'un même coup-d'œil les langues antiques ou modernes de l'Asie et de l'Europe. Il n'est pas plus possible de faire aujourd'hui une philologie générale. Essayons dès-lors une Philologie Comparée : Dieu seul sait tout ce qui pourra en résulter.

Vers le milieu du dernier siècle, à l'époque où un

vague besoin poussait les savants vers une science
nouvelle, nommée aujourd'hui linguistique et philologie ; lorsqu'on créait ce qu'on appelle si or-
gueilleusement et si mal à propos Grammaire Générale, puisque ce n'était encore et que ce ne pouvait
être qu'une Grammaire Comparée, Maupertuis, plus
clairvoyant, les invitait à abandonner la route
étroite où ils s'étaient parqués, à négliger un peu les
langues conventionnelles des Grecs, des Romains, etc.
pour embrasser enfin d'un même coup-d'œil toute
l'étendue du langage humain. Il recommandait surtout l'étude des idiomes qu'on appelait alors barbares, c'est-à-dire de ceux des peuples parmi lesquels l'usage de l'écriture ne s'était pas encore intro-
duit. Ces langues, disait-il, semblent avoir été formées sur des plans d'idées différentes des nôtres. Ce
conseil, plein de raison et de science, fut tourné en
ridicule par Turgot lui-même (1), et il n'en fut bientôt plus question, parce que l'on trouva que l'expression de plan d'idées était d'une imprudente nou-
veauté. Adelung et Vater vengèrent Maupertuis en
exécutant le plan que ce savant français avait indi-
qué (le Mithridate). Nous avons marché depuis lors
et nous ne condamnons plus un système ou bien
un ouvrage, parce qu'une expression est blâmable
ou malséante. Il faut que l'œuvre elle-même toute
entière mérite cette épithète.

S'il a fallu près d'un demi-siècle pour donner raison à Maupertuis ; si d'après son conseil je suis le
premier à avoir étudié les Patois, n'aurai-je pas

(1) Œuvres de Turgot, in-8°. Paris 1808, t. II, p. 104,
105.

donné à son opinion une trop grande extension en consacrant un travail spécial à l'Idiomologie des Animaux? On sait à peu près aujourd'hui ce qu'est en philologie humaine un plan d'idées. Ne serait-il pas aussi bon de savoir si les langues des animaux sont faites sur des plans d'idées différentes des nôtres? Et puisque la conclusion actuelle et légitime de tant de travaux synergiques est, qu'il n'y a pas de langues barbares, n'est-il pas curieux de savoir s'il en est de même chez les animaux? Qui sait, là peut-être se retrouvera la plus grande simplicité grammaticale et glossologique. Enfin marchons et nous verrons après. Les voyageurs ne procèdent pas autrement : c'est la voie de Christophe Colomb.

Si des hommes de mérite consacrèrent leur temps et leurs lumières à étudier le langage et la voix des animaux, c'est déjà là, ce me semble, une présomption légitime en faveur de l'existence de la voix et du langage qui n'est après tout que la voix mise au service de la pensée. Arrivé au point où nous en sommes, cette preuve est déjà complètement inutile, car nous avons déjà beaucoup mieux que cela dans les dépositions irréfragables de l'Anatomie et de la Physiologie. C'est donc ici que devrait se terminer uos propres recherches, si nous ne désirions créer en même temps la science que nous avons nommée Idiomologie zoologique, et dont le résultat premier sera la Philologie Comparée (1).

(1) Un prétendu baron de Reiffenberg, dont je dois tout naturellement parler dans l'Idiomologie des Animaux, s'est servi de cette expression pour désigner la philologie humaine, à laquelle il n'entend rien. C'est une erreur de plus que j'ai dû relever encore.

Entr'ouvrons un peu cette carrière nouvelle et posons quelques-unes des lois qui constituent le mécanisme extérieur du langage des bêtes, c'est-à-dire de la phonétisation comparée, dans ses rapports immédiats et clairs avec ce que les Hygiénistes nomment les *circumfusa*. Ces détails qui nous paraissent si importants, n'ont pas été jugés dénués de tout intérêt par Thomas Reid, qui n'a pas dédaigné de consacrer moins d'une vingtaine de pages à la description du langage naturel qui, dit-il, appartient aux brutes elles-mêmes, et qui contient pour éléments : 1° Les modulations de la voix ; 2° les gestes ; 3° les traits du visage ou la physionomie (1).

Considérée isolément, dans chaque famille zoologique, l'Idiomologie zoologique se développe-t-elle comme dans l'espèce humaine ? En d'autres termes, le son est-il constamment si inévitablement attaché aussi à tel ou tel point de l'étendue du tube phonétique, qu'il soit tout-à-fait impossible que le même accident, intellectuel ou pathétique, puisse agir sur deux notes différentes de la gamme des voyelles ? Non, certes, et pourtant il faut inévitablement aussi que ce même son, reproduit, rappelle constamment aussi la même idée, le même sentiment. Ainsi philologiquement parlant, le tube phonétique est très-réellement le miroir de la pensée sonorifiée ; c'est un instrument analogue, métaphoriquement parlant, au piano sous ce point de vue, puisque cette idée ne saurait jamais être exprimée ou rendue que par les notes qui la représentent le mieux, c'est-à-dire irré-

---

(1) Tom. II, p. 89, 93, 342. — Vᵉ vol., p. 118, 123. — VIᵉ vol., p. 27

sistiblement sur telle ou telle touche, à l'exclusion
de toutes les autres, parce qu'il n'y a pas plus de
sons que de mots synonimes. Il en est, définitivement,
de l'action de la pensée sur l'organe vocal comme
des objets sur un miroir ; ceux-ci ne peuvent jamais
s'y peindre autrement qu'ils ne sont : de même
aussi la pensée ne saurait se réfléchir que sur le
point du tube phonétique exclusivement en harmonie avec elle. Cette vérité absolue, qui naît
rigoureusement de l'étude des deux Idiomologies, est
restée inaperçue, pour ainsi dire, par les philologues,
les physiologistes et les philosophes, tandis qu'elle
est très-habilement sentie par l'enfance. Un tout
petit garçon demande à sa mère pourquoi M. Vid...
porte ses joujoux au col? — Ce n'est point un joujou,
mon enfant, c'est le signe de l'honneur, la récompense du courage, du talent et du génie; qualités
qui manquent surtout au légionnaire. L'enfant
alors fit une exclamation d'étonnement et d'indigna-
tion. — Pourquoi avez-vous dit : ah ! fit un témoin.
— Monsieur, répond le tendre philologue, je n'ai pas
dit ah ! j'ai dit : oh !... C'eût été bien pire s'il eût
dit : hu ! (1).

C'est là, en effet, ce que revèle d'une part l'étude
analytique de tous les idiomes humains éteints ou

---

(1) Mon savant ami E. Du Méril s'est trompé en regardant
ce mot comme d'origine tudesque et en l'expliquant ainsi que
M. Pertz (*vita H. Ludovici imperatoris*, t. II, p. 648, Hutz! Hutz,
quod significat ire foras.) Ermold, dans un poème qu'il
adressa à ce monarque, explique ce mot par celui de *præcla-*
rus, etc. C'est tout simplement chez presque toutes les nations une interjection marquant le mépris.

vivants; c'est là aussi ce que confirment d'un autre
côté les différents idiomes des animaux. Le langage
phonétique des passions, et c'est à peu de chose près
là que se borne, pour ainsi dire, toute l'Idiomologie Zoologique, est donc celui qui marche constamment le plus indépendamment de notre propre volonté, ainsi que de celle des animaux. Que l'on isole
un homme ou une bête, dès leur naissance, et nul
doute que dans les mêmes circonstances pathétiques,
ils ne produisent la même voyelle, c'est-à-dire que
leur intelligence ne fasse sortir le même son de la
même touche vocale, son pur et simple d'abord,
que l'oreille peut ensuite et finit même par embellir,
et c'est précisément là ce qui rend partout les recherches étymologiques si difficiles, peut-être même
si arbitraires, car l'euphonie qui polit les mots est
aussi l'acte qui les défigure le plus.

Dès le moment que les choses se passent inévitablement ainsi, voilà la langue des affections et des
passions naturellement créée dans tous les êtres dont
l'appareil vocal est en harmonie avec les besoins
moraux. On sent dès-lors qu'une langue aussi simple, aussi naturelle, aussi peu riche ne réclame
nullement une longue étude ni la nécessité d'être
apprise, et qu'elle fait, pour ainsi dire, partie intégrante des fonctions physiologiques des animaux. Je
ne veux pas dire par là que cet idiome inévitable ne
soit susceptible d'aucune espèce de perfectionnement ; je ne veux pas dire non plus que l'euphonie,
si puissante sur les idiomes humains, soit toujours
étrangère à ceux des animaux, même chez les oiseaux
chanteurs ; que l'idiome brut, que l'idiome physiolo-

gique ne soit susceptible d'aucun perfectionnement ou d'embellissement dans certaines proportions, transmissibles même par voie d'association ou bien d'imitation. Seulement ma pensée est que les animaux n'abusant jamais de la parole comme l'homme, ne s'en servant au contraire que pour les choses qui en valent la peine, telles que l'amour, la faim, la douleur, le plaisir, le danger, etc., cette langue, tonte pathétique, est nécessairement extrêmement bornée dans ses moyens d'expression.

Il ne faudrait pas croire toutefois que la parole et ses variétés plus ou moins nombreuses dépendent exclusivement des circonstances anatomiques des appareils cérébral, auditif et vocal, de même que de leurs diverses circonstances accessoires; une foule d'autres influences inappréciables viennent encore, comme chez l'homme, la modifier profondément. Il en est, qui plus est, qui de même que les circonstances atmosphériques, géologiques, etc. ne demandent guères qu'à être citées pour que leur puissance soit immédiatement reconnue, mais il en est une foule d'autres dont l'action est incontestable et dont la cause échappe à l'appréciation de tous nos moyens d'observation.

L'instruction et la civilisation ont, ainsi que je le disais, une très-grande influence non-seulement sur l'intelligence, mais encore sur la phonation de l'homme et des animaux. Le professeur Dugès avait déjà reconnu cette vérité; aussi dit-il positivement qu'il ne faut pas seulement tenir compte de l'instrument, mais encore du moteur qui le met en jeu, de l'instinct, de l'intelligence et de l'éducabilité de

l'oiseau qui lui fait tirer meilleur parti d'une organisation commune. C'est ainsi que le Bouvreuil,
dont le cri naturel imite le bruit de la scie, apprend
à chanter, à parler (1). Le Chien, dit encore ce
professeur de l'École de Médecine de Montpellier,
exprime à peu près tout ce qu'il a le désir et l'intention d'exprimer. S'il n'en dit pas davantage, c'est
moins la faute de ses moyens physiques que moraux.
Ne voyons-nous même pas, sous ce rapport, une
différence marquée entre les animaux sauvages et
les animaux domestiques? Les premiers sont généralement silencieux, même dans les tourments, ou
bien n'ont qu'un cri uniforme. Au contraire il semble, dit Buffon, que le Chien soit devenu criard
avec l'homme qui, de tous les êtres qui ont une
voix, est celui qui en use et en abuse le plus. Un
Renard d'Alger, presque muet d'abord, est devenu
criard en s'apprivoisant (Bodichon). Il est vrai que
la face, les lèvres des mammifères se prêtent peu
à la prononciation des consonnes (2). On peut ob-
jecter encore que leur voile du palais est beaucoup
plus prolongé, beaucoup moins mobile que le nôtre;
que les cornes de l'Hyoïde enchaînent les mouvements du Larynx ; mais il n'y a point parité, à cet
égard, entre tous les mammifères : les singes mêmes
ont les lèvres susceptibles d'avancement sans en
avoir la voix plus expressive : leurs sacs laryngiens
les gêneraient sans doute pour la production de certains sons, mais non assurément pour tous (3). Il ne

(1) *Loco citato*, t. II, p. 251.
(2) On verra plus loin que c'est une erreur.
(3) *Loco citato*, t. II, p. 275.

nous serait même pas difficile de montrer que ce cri des divers animaux peut s'exprimer par des syllabes de notre langue, mais c'est sur l'homme seulement que ces modifications de la voix méritent d'être étudiées (1).

On voit par ces extraits que le professeur Dugès était loin de nier la phonétisation des animaux, quoiqu'il ne se doutât nullement de toutes les conséquences qui pourraient naturellement découler du grand principe qu'il n'hésitait point à admettre. Étranger à la linguistique et à la philologie, comme le professeur Lordat (2), il ne se doutait pas du tout des lumières que ces sciences pouvaient recevoir un jour de l'anatomie et de la physiologie comparées, aussi déclarait-il aveuglement que c'est exclusivement sur l'homme qu'il était réellement important d'étudier les innombrables modifications de la voix. Ensuite, et ceci importe fort peu, il attribuait la parole chez les animaux à d'autres causes que celles admises naturellement par nous. Ainsi, dit-il encore, nous avons vu que beaucoup d'animaux expriment à l'aide de la voix des pensées, ou plutôt des sentiments plus ou moins raisonnés; mais il faut bien convenir que la plupart de ces expressions sont sous la dépendance de l'instinct (3). L'*aiguillon* intérieur que Platon nomme Ηλιον, Simplicius Αχρc-

(1) *Ibid.*, p. 271 à 273 et seqq.

(2) Ce qui le démontre, c'est lorsqu'il invoque l'autorité de Sanctius (Minerva, etc., in-8°. Amsterdam 1809, p. 21), et surtout ce qu'il dit à la page 16 de sa brochure : Je n'ai pas besoin, etc.

(3) *Loco citato*, t. II, p. 274.

τητα , Aristote φως , que notre professeur nomme instinct splanchnique, etc. est un mot jeté dans la science
pour tenir lieu d'un fait inconnu, et qui , comme
d'habitude , fut la source de vaines discussions et de
nombreuses erreurs. L'instinct en effet n'est, si
je peux m'exprimer ainsi , que la parole des organes,
bien différente , j'espère, de la parole des pensées.
Voilà tout le mystère. En effet , le nom qui lui convient parfaitement est celui d'instinct splanchnique,
et sous ce rapport , M. Dugès est peut-être le premier qui ait vu la vérité. Ainsi le domaine de l'instinct , chez l'homme comme chez les animaux , s'é-
end à tous les besoins physiques ou matériels ; mais
l'intelligence est le domaine de la pensée. M. Dugès
l'avait parfaitement senti lorsqu'il dit que l'instinct
splanchnique se montre dans toute sa pureté , pour
l'homme comme pour les mammifères et les oiseaux,
dans les vagissements , les cris d'appel causés par la
faim , et là se montre une relation indirecte entre
la voix et la digestion , expressions involontaires des
sentiments moraux (1).

-A propos de cette question , je ne saurais me résoudre à ne point rappeler que j'ai écrit ailleurs ce
qui suit : Ce serait bien évidemment une erreur que
de croire que tous les animaux ont conservé leur
langue primitive intacte et pure. Il ne pouvait pas
en être ainsi , du moins pour les animaux domestiques. Les Chiens, par exemple, n'aboyaient certainement pas. Ils poussaient peut-être des accents
plaintifs , grondaient , hurlaient , mais l'aboiement
est bien évidemment l'expression de la civilisation :

(1) *Loco citato*, p. 275.

c'est une acquisition faite dans l'état social ; c'est peut-être même une conquête sur la nature organique. En effet , Sonini rapporte que les Chiens de berger qu'on rencontre dans les déserts de l'Égypte ne possèdent point cette faculté, et les Chiens des Esquimaux, de la Nouvelle-Hollande, etc., n'aboient point encore. Il serait curieux, sous le point de vue qui nous occupe, de soumettre leurs organes à l'influence de l'éducation et , circonstance non moins extraordinaire , c'est que ceux d'Europe la perdent en Amérique dès qu'ils reviennent à l'état sauvage. Christophe Colomb dit que ceux qu'il avait emportés en Amérique avaient cessé d'aboyer quand il les revit à son retour dans le Nouveau-Monde. Les deux Ulloa attestent formellement que les Chiens de l'île de Juan Fernandez n'aboyaient pas non plus avant que ceux d'Europe fussent introduits parmi eux. Ils les imitèrent bientôt, mais d'une manière très-imparfaite d'abord et comme s'ils avaient appris une chose qui ne leur fût pas naturelle.

Nous ne nous étendrons pas davantage sur cette vérité, le célèbre auteur de la Zoonomie accumule les preuves en faveur de l'opinion que nous soutenons. Maintenant, à quelle époque les Chiens introduisirent-ils cette vaste amélioration dans l'expression physique de leurs pensées ? C'est ce qu'il serait assez difficile de déterminer. Ce qu'il y a de sûr, c'est que déjà du temps de Périclès et d'Auguste, les Chiens aboyaient ; c'est que du temps même du saint Roi cette révolution s'était déjà opérée , puisqu'il compare le bruit de ses ennemis aux aboiements des Chiens qui errent autour de la

Cité. Il a bien fallu tout ce temps, en effet, pour rendre ce nouveau langage aussi expressif et surtout aussi varié, et j'ajouterai même aussi intelligible pour l'homme et pour les animaux, car aucun d'eux ne se méprend sur les caractères annoncés par les diverses manières d'aboyer. (1)

L'Idiomologie Zoologique offre encore bien d'autres points non moins curieux et qui démontrent également la complète analogie qui existe, physiologiquement parlant, entre le langage des hommes et celui des animaux. Il faudrait bien se garder de croire que l'appareil phonétique des animaux ne fut nullement influencé, comme celui des hommes, par le climat et mille autres causes plus puissantes encore peut-être, quoique inappréciables la plupart du temps.

Quoique la parole ait été largement donnée à l'espèce humaine, il n'arrive pourtant que trop souvent que cette sublime faculté se perd également en tout ou en partie, comme nous venons de le voir pour les Chiens d'Europe transportés jadis au Nouveau-Monde. Cela me paraît expliquer parfaitement pourquoi tels points du globe ignoraient à perpétuité tels et tels sons, et certes il y a bien plus d'analogie entre le langage du Dindon et le gloussement des Hottentots, qu'entre celui-ci et l'Idiome créé par Homère, dans lequel les voyelles abondent de même que dans l'Idiomologie Zoologique, car nul doute que les animaux n'éprouvent une insurmon-

(1) Traité de la Folie des Animaux, 2 vol. in-8°. Paris 1839, t. i, p. 184.

table difficulté dans l'articulation de certaines consonnes; mais n'en est-il pas de même pour certaines
tribus de la grande famille humaine? Cette analogie
si remarquable ne démontre-t-elle point déjà suffisamment que, comme l'homme, les animaux peuvent
également perdre en tout ou partie la faculté d'exprimer leurs pensées, sans pour cela manquer de
ces mêmes pensées?

Si dans les animaux comme chez l'homme, il y a
une indissoluble réciprocité d'action entre la voix et
l'intelligence, il ne faut pas croire que celle-là ne
puisse disparaître complètement aussi chez les animaux, alors même que leur intelligence reste intacte.
La proposition inverse ne saurait avoir lieu. En
effet, dès que l'intelligence disparaît, l'organe est
muet, du moins quant à l'expression de la pensée
abolie. En un mot, il ne donne guères plus alors
que des sons sans aucune valeur idéologique, et c'est
là précisément un moyen facile de constater la réalité de l'Idiomologie des Animaux. En effet, si les
sons vocaux des animaux sont sans valeur idéologique, ils doivent inévitablement se produire aussi de
la même manière après l'abolition de l'intelligence;
or, c'est ce qui n'a point lieu : que l'on prenne l'a-
nimal dont la langue est la plus riche, le Chien, par
exemple, que l'on respecte chacun de ces sens, mais
que l'on détruise une plus ou moins grande portion
de la masse cérébrale de manière à anéantir la
pensée sans détruire l'existence, et l'on verra sur-le-
champ la parole disparaître ainsi que son usage,
malgré l'intégrité complète des organes de l'ouïe et
de la voix. De là l'inutilité de l'appareil vocal dans

l'Huître et dans les Zoophytes, où la pensée n'existe point, même à l'état rudimentaire. Enfin, les relations de la pensée avec l'organe de son expression matérielle et ces expressions elles-mêmes sont telles que l'on peut, jusqu'à un certain point, juger, dans toutes les classes zoologiques, du dégré d'intelligence de chaque individu par la beauté, l'étendue, la douceur, l'éclat et le timbre de sa voix.

L'étude de l'Idiomologie des Animaux, en nous révélant ses lois, ne nous apprendra-t-elle point aussi celles de l'Idiomologie Humaine? Confirmera-t-elle, par exemple, l'opinion de tous les philologues qui prétendent que toutes les langues furent monosyllabiques? Si la décomposition des mots chinois permettait de soutenir une pareille opinion, il est évident que celle des animaux et de toutes les tribus indiennes la démentiraient pleinement. Chez les animaux, comme chez tous les sauvages des deux Amériques, les mots les plus rares sont ceux d'une syllabe, et les plus communs ceux de trois, quatre et cinq syllabes. Ainsi le thême, plus ou moins brodé par l'euphonie ou la réflexion fut polisyllabe chez l'homme comme chez les animaux.

On pourrait peut-être se croire autorisé à conclure de mes propres expressions que chaque idiome zoologique est le produit inévitable et nécessaire de la pensée et de la toute puissance de celle-ci sur l'organisation matérielle. Ce n'est point là précisément ce que je crois, ou tout au moins en considérant ainsi ma pensée on tendrait à lui donner des limites qui me paraîtraient beaucoup trop étroites, car je suis très-loin de nier que la société des animaux entre eux en multipliant les sensations et les affections n'agrandisse ou ne développe pas aussi leurs idiomes. Je pense en outre que la domesticité doit avoir la même influence sur le développement et sur le perfectionnement du langage ; mais je crois fortement aussi qu'il y a entre la pensée et les appareils de l'ouïe et de la voix des relations réciproques beaucoup trop intimes et beaucoup trop fortes, pour qu'il pût en être ainsi. Il est de plus en nous-mêmes un penchant si souverain à l'imitation, que nous réproduisons pour ainsi dire machinalement les sons divers que nous entendons journellement, et surtout quand ils sortent de la bouche de nos semblables, sans que l'on puisse nier toutefois que les peuples, en contact immédiat avec certaines familles zoologiques, telles que celles des oiseaux chanteurs, par exemple, ne puisèrent point chez ceux-ci une grande partie de la douceur et de l'harmonie de leurs idiomes. Si cela arrive chez l'homme, croit-on, ou pourrait-on raisonnablement supposer, que les animaux et surtout les oiseaux échapperaient facilement à cette même influence ? Où avons-nous appris le chant du Rossignol ? Où le Canari a-t-il étudié nos airs? Où le chien a-t-il appris ces paroles humaines qu'il répète si merveilleusement ?

On sent très-bien que nous pourrions considérablement multiplier encore les divers points de contact entre la vocalisation de la pensée humaine, et la phonétisation des affections qui agitent toute l'échelle zoologique. Mais il nous paraît opportun de

clore ce qui nous resterait encore à dire sur ce sujet , en rappelant qu'il en est des animaux sauvages
comme de l'homme étranger, que nous ne pouvons
comprendre, et dont nous ne saurions être compris,
qu'en parlant son propre idiome. Les chasseurs de
tous les pays le savent très-bien à l'égard des oiseaux,
par exemple, car, et nous l'avons déjà répété plus
d'une fois , comme les mêmes sons naissent des
mêmes idées et les rappellent forcément, ce n'est
jamais qu'à un son particulier , qui doit nécessairement être un chant ou un cri d'amour , que
les allouettes descendent en chantant sur le miroir
funeste, tandis qu'il en est d'autres qui les convient
autour de ce mortel engin.

L'homme a porté beaucoup plus loin encore la
connaissance et l'appréciation du langage des bêtes.
Il s'est aperçu que chez les animaux comme chez
l'homme , la voix de la femelle a sur les mâles une
irrésistible puissance , et dès-lors il s'est bien gardé
de simuler la parole des mâles. C'est donc celle des
femelles qu'il a constamment eu le soin de faire servir au massacre de l'espèce. En effet, la voix des
femelles appelle, irrésistiblement et seule, les mâles
dans toute l'étendue de l'échelle zoologique , bien
entendu lorsqu'elles possèdent un organe phonétique.

La théorie de la chasse à la pipée et à l'appeau
n'a pas d'autre fondement que celui de l'imitation
et de l'influence du langage des bêtes. L'homme s'est
bientôt aperçu qu'il ne pouvait se mettre en rapport d'une manière avantageuse avec les oiseaux
qu'en se servant de leur propre langage pour les

faire venir ou dans ses filets ou au bout de son fusil.
Pour atteindre ce but, aussi lucrativement que possible, il fit tout naturellement servir les individus
d'une même famille à appeler ceux qui étaient encore à l'état sauvage. Cette importante utilité de la
connaissance des idiomes comparés, et que l'homme
ressent pour ainsi dire à chaque pas, fit bientôt
imaginer un moyen mécanique de parler parfaitement la langue de certains oiseaux, et, dès-lors, les
appeaux cessèrent d'être indispensables. En un mot,
c'est à l'emploi de ces différents moyens artificiels
que les Cailles, les Allouettes, etc., se rendent à
la mort; mais n'ayant pu découvrir encore de pareils moyens phonétiques pour piper tous les oiseaux
à filets, l'homme s'est alors appliqué à imiter aussi
les paroles ou les chants d'amour de chacun d'entre
eux. Le mot appartenant je ne sais à quelle partie
du discours, mais par lequel les hommes excitent
les combats entre les Chiens, et que l'on trouve
dans quelques-uns de nos dictionnaires, n'appartient certainement point à l'idiomologie humaine,
mais comme bien d'autres il fut emprunté à l'idio-
mologie zoologique.

Tous ces faits tendent bien à prouver aussi la spécialité des sons, quant à la spécialité des idées ou
des sentiments pathétiques. Il y a constamment en
effet une telle relation entre la pensée et la parole,
que, ainsi que certains hommes connaissent plusieurs langues, certains animaux à l'état d'esclavage ou de domesticité apprennent également plusieurs idiomes zoologiques; c'est ce qui arrive, par
exemple, au Merle, au Canari, etc., et chose re-

marquable, ainsi que l'on peut aisément s'en convaincre, en attachant à chaque son sa véritable valeur idéologique. Mais de même que les Chinois ne
peuvent point prononcer le français, etc., tous les
animaux ne peuvent point non plus prononcer in-
différemment telle ou telle langue. Ainsi, par
exemple, tous ne pourraient point reproduire également bien la parole humaine, tandis qu'il en est
au contraire dont c'est précisément une faculté do-
minante.

Nous avons déjà dit que c'était là ce qui arrivait à
certains individus de la famille des Passereaux et
des Grimpeurs; mais aussi avons-nous vu l'appareil
phonétique de ces oiseaux s'y prêter merveilleusement, et quoique les conditions anatomiques et physiologiques de l'appareil phonétique de l'homme se
rencontrent aussi chez les Chiens, nous serions certainement plus étonné encore si l'on obtenait le
même résultat sur les individus de cette espèce. C'est
précisément là pourtant ce que l'on a déjà observé
plus d'une fois. J'éprouve encore ici le besoin de
citer un autre passage de mon Traité de la Folie des
Animaux, où j'en aurais du reste tant d'autres à
prendre encore si j'obéissais aux exigences de mon
sujet, tant le travail actuel est lié à celui-là : Nous
ne saurions clore ce chapitre sans relever un autre
erreur relative à l'objet de mes études et dans
laquelle paraît avoir tombé Gall, puisqu'il dit positivement qu'il n'y a aucun mammifère doué des sons
de la musique au point d'être capable de chanter
de lui-même ou seulement de répéter le chant qu'il
entend, tandis que plus loin il semble, entraîné par

la vérité, accorder qu'ils sont doués de l'harmonie des sons. A part les faits que nous avons déjà rapportés nous pourrions citer encore un très-grand nombre de preuves qui démontreraient qu'il s'est trompé la première fois. Le père Pardies, par exemple, parle de deux Chiens auxquels on avait appris la musique et dont l'un chatolait sa partie avec son maître. Quant à l'art de moduler la parole, que l'on nomme chant, si Gall exigeait qu'un mammifère l'exerçât comme Garat, il aurait eu parfaitement raison : mais il s'agit moins ici sans doute de la perfection de la parole modulée que de l'aptitude intellectuelle à cette même modulation, du goût musical enfin et de son expression, avec les moyens phonétiques dévolus à l'espèce. Il ne pouvait donc réclamer que l'application de leur idiome aux lois pathétiques de la musique, que la modulation cadencée et juste de leur voix, et rien n'était moins impossible. Paris en possède encore un exemple ; cet animal qui est de l'espèce dite Caniche donne le *la* dans le ton et chante très-bien un magnifique morceau de Mozart; (*Mon cœur soupire dès l'aurore, etc.*). Il s'appelle Capucin et appartient à Habeneck, directeur de l'Opéra. Tous les hommes de sciences ont pu voir encore, à Paris, le Chien du docteur Bennati, chantant parfaitement la gamme. Leibnitz, que les Allemands nomment le philosophe des bêtes, qui, comme Crébillon, était entouré de chats, va bien plus loin encore, car il assure, et ce génie n'avait aucun besoin d'en imposer, qu'il a vu un Chien qui prononçait plus de trente mots, répondait assez à propos à son maître et prononçait très-distinctement

toutes les lettres de l'alphabet, à l'exception du M,
du N et du X, (1) comme si l'appareil phonétique
de la race canine ressemblait à celui de la famille
humaine qui naît et vit au Tonquin (2). Cette circonstance particulière nous rappelle que l'Idiomologie des Animaux peut même servir à trancher
certaines discussions survenues parmi les philologues. Ainsi par exemple nul doute que ceux qui
soutiennent que les Grecs anciens prononçaient les
lettres B et H comme V et I ne soient complètement
dans l'erreur, puisqu'Aristophane, voulant désigner
la parole des Moutons, emploie un mimologisme
qui décide la question en sens contraire, si l'on admet que le bêlement de ces animaux n'a point
changé, ce qui est incontestable. En effet il dit
βλη-χαομαι.

De tout ce qui précède il me semble que l'on peut
donc légitimement conclure :

1° Que l'existence de l'organe vocal entraîne rigoureusement celle de la voix et de la parole, lorsque
l'encéphale existe à l'état normal.

2o Que si l'étendue des intelligences explique toujours la richesse et la variété de l'idiome de la famille qui le parle, on peut également déterminer *à
priori* l'étendue et la qualité de la voix par l'unique
appréciation anatomique des organes qui concourent
à la phonétisation.

3° Que l'intelligence varie tout autant que l'art de
de la parole, non pas seulement dans une même

----

(1) *Opera omnia*, t. v, p. 72. *Epistola.*
(2) T. 1, p. 401 et seq.

famille humaine, mais encore dans une même famille zoologique.

4° Que dans l'homme, comme dans les animaux, la partie pathétique de l'idiomologie générale étant en quelque sorte de véritables mimologismes, il est impossible que le même sentiment n'amène pas inévitablement la production d'un son identique et, inévitablement aussi, sur un même point de l'organe vocal pour tous les êtres et par conséquent parfaitement semblable, sauf toutefois les modifications nécessaires et nombreuses que peuvent leur imprimer les organes accessoires de l'appareil phonétique dans chaque famille zoologique.

5° Enfin que les mêmes influences, intérieures ou extérieures, agissent également sur l'organe vocal et sur ses fonctions, tant chez l'homme que chez les animaux.

QUATRIÈME PARTIE.

———◆◆◆———

VOCABULAIRE ET SYNTAXE.

———◆◆◆———

> J'ai porté mes regards, pour ainsi dire à vol d'oiseau, sur l'ensemble de ces langues, pensant que c'était le seul moyen d'en obtenir des résultats satisfaisants.
>
> P.-ÉT. DUPONCEAU.

———

> *Et quidquid vocum Bellua talis habet.*
>
> AUSONE.

———

> Autant d'espèces de bêtes, autant de dictionnaires différents.
>
> Le père BOUGEANT.

IDIOMOLOGIE

DES

ANIMAUX.

———••••———

Je crois maintenant avoir déjà suffisamment démontré un assez grand nombre de vérités nouvelles,
quant à l'Idiomologie Zoologique ; ainsi l'on ne peut
plus douter, ce me semble, que chaque espèce
zoologique dotée d'un appareil phonétique est également douée de la parole dans le cercle étroit de
ses besoins ou de ses passions, sous les conditions
matérielles de sa propre organisation, ainsi que
sous celles de sa propre intelligence, et qu'il peut
même en outre reproduire, jusqu'à un certain point,
celle d'une famille étrangère et bien distante de la
sienne dans l'échelle des êtres.

Il nous reste à présent à rechercher en quoi consiste, à proprement parler, le langage de chacune
de ces familles zoologiques sous le point de vue général de l'Idiomologie des Animaux. On sent que pour
remplir dignement un pareil cadre, il serait indispensablement nécessaire de pouvoir se servir de toutes
les observations de plusieurs savants, car un seul
homme ne peut jamais ni tout voir, ni tout recueillir

et surtout en Idiomographie Zoologique, puisque rien encore n'est fait à ce sujet : aussi afin de ne rien hasarder nous serons donc excessivement court sur ce point, et le Mezzofante de l'Idiomologie Zoologique ne pourra mériter un jour notre admiration qu'alors que la philologie nouvelle en sera arrivée au point où se trouve actuellement la philologie humaine. On aurait complètement tort d'exiger aujourd'hui, sur cette vaste question, autant et même plus que nous ne possédons en somme sur notre propre philologie. En effet, il en est exactement de même pour la grande majorité des hommes à l'égard de ceux qui leur sont étrangers, et cependant ici tout se trouve à leur avantage, puisqu'ils ont entre eux de nombreux moyens de communications intellectuelles, favorisées toujours par des intérêts pour ainsi dire réciproques, qui, en somme, servent merveilleusement à l'étude de tous les idiomes humains. Chez les animaux au contraire, les relations intellectuelles avec notre espèce sont nulles, ou peu s'en faut, lorsqu'elles n'ont point aussi pour base des intérêts réciproques bien influents.

Il est donc bien évident que nous ne pouvons guères arriver à l'explication, à l'interprétation de leurs différents idiomes que par la liaison très-spirituellement et très-habilement saisie entre leurs paroles et les actes qui en sont incontestablement la cause ou la conséquence nécessaires. On pourrait aisément parvenir, ce me semble, par ce moyen, à confectionner un jour tous les Vocabulaires Zoologiques si limités, si restreints d'ailleurs dans chaque famille, de même que les voyageurs instruits en réunissent pour chaque famille humaine dispersée sur les terres qu'ils découvrent journellement loin des grands centres de civilisation.

Dans tous les cas, il y a entr'autres, dans l'Idiomologie nouvelle, un phénomène philologique extrêmement curieux, c'est que de tous ces Vocabulaires futurs, justifiés du reste par l'anatomie et la physiologie, il n'y en a certainement pas de plus varié ni de plus nombreux peut-être et par conséquent de plus identique ; de moins variable que celui de l'innombrable famille de l'espèce Canine. Ce serait donc par le Vocabulaire-chien qu'il faudrait peut-être ouvrir ces nouvelles investigations, mais à part cette circonstance, si favorable que chacun est à même de pouvoir entreprendre ce précieux travail, il me semble beaucoup plus utile aujourd'hui de jetter un coup d'œil rapide sur la manière dont ces importants ouvrages, ainsi que les Grammaires Zoologiques, doivent être exécutés ; sauf à donner ensuite un ou deux exemples propres à guider les savants qui voudront bien s'occuper de cette question, dans ce que nous regardons comme la meilleure voie.

C'est donc ici que commence à proprement parler la tâche la plus difficile que nous nous sommes imposée, et cela se conçoit aisément, car jusqu'à ce jour le naturaliste et le philologue n'ont point encore d'éléments propices à leurs investigations ou à leurs réflexions. Si, à part tous les obstacles de plus d'un genre auxquels nous faisions allusion, on se rappelle combien sont incomplètes, fautives et même le plus souvent ridicules, toutes ces collections particulières de mots, dressées par les voyageurs et appartenant aux idiomes de quelques tribus qu'ils nomment sauvages, comme si l'homme pouvait être sauvage lorsqu'il n'est point idiot, on ne sera nullement étonné des obstacles multipliés que présente un semblable travail.

A part tous les inconvénients, résultant de la précipitation, de l'inattention, de l'inexpérience, de la légèreté ou de l'ignorance de la philologie, l'alphabétisme sera encore ici comme partout la plus puissante cause de l'imperfection inévitable des Vocabulaires Zoologiques, mais alors même qu'on serait assez heureux pour parvenir à rendre graphiquement et aussi fidèlement que possible les paroles de chaque famille d'animaux, pourra-t-on jamais arriver à donner une idée du timbre de leur voix, de leur prononciation si variée, de leur accentuation si multiple ? Et qu'est-ce donc dans toutes les circonstances possibles qu'une langue écrite, à côté d'une langue parlée, si ce n'est un cadavre à côté de l'homme vivant et fort ? Et qu'est-ce encore qu'une langue parlée avec un accent ou une prononciation qui lui sont étrangers, si ce n'est un homme de génie déguisé en arlequin ?

Mille et une difficultés se présentent donc dans la rédaction des Vocabulaires Zoologiques ; aussi je ne répondrai pas non plus de saisir parfaitement le son étudié, de lui donner son unique et véritable orthographe ; mais ce que j'espère, c'est qu'elle sera tout aussi logique que celle de nos vocabulaires, car je n'aurai point comme eux la prétention déplacée de la rendre scientifique, heureux si je parviens à la

rendre seulement fidèlement phonétique, système
d'orthographe adopté avec tant de raison en Italie,
en Espagne, en Portugal et partout enfin où des
préjugés historiques n'ont pas faussé la science éty-
mologique.

Ce n'est pas tout-à-fait là ce que tenta le savant
Iriarte dans le précieux recueil qu'il publia sous le
titre de Glossaire Zoologique (*Glossarium Zoïcum*);
mais nous verrons plus loin que Dubartas, Gamon,
Dupont de Nemours, Bettini, Pasquier, Bechstein, etc., essayèrent de transcrire les paroles de
quelques oiseaux à l'aide de l'alphabet européen.
Ces essais, vérifiés avec toute l'attention dont nous
sommes susceptible, nous paraissent tous très-mauvais, très-arbitraires. Ce n'est point une vérité,
c'est un rêve, un jeu, un caprice de l'esprit auquel
la philologie ne saurait ajouter la moindre confiance.
Par conséquent, ici comme ailleurs, tout est encore
à refaire. Mais lorsque des études consciencieuses et
souvent répétées ou contrôlées auront permis de
donner enfin à chaque son sa véritable orthographe,
il ne s'agira plus que de chercher, avec une précision
et une fidélité égales, sa véritable valeur idéologique,
et ceci ne sera point non plus un travail d'observation sans difficultés opiniâtres et sans cesse renais-
santes.

Les Vocabulaires Zoologiques une fois confec-
tionnés il faudra envisager alors l'ensemble de
ces mots sous le point de vue de leur formation, de
leur affinité, de leur famille et surtout de leurs dé-
sinences. Ne serait-il pas bien curieux, en effet, de
constater que sous ce rapport il en est exacte-

ment aussi de l'Idiomologie nouvelle comme de l'Idiomologie Humaine ? Ce parallelisme, aussi exact que les parallèles anatomiques et physiologiques, n'expliquerait-il point peut-être pourquoi l'on rencontre chez les animaux des idiomes qui ont ces physionomies spéciales et tranchées sous lesquelles nous comprenons l'existence des langues italienne, espagnole, allemande, anglaise, etc. ? Est-ce que, par hasard, la langue chantée du Canari, c'est-à-dire si vivement accentuée et prosodiée, ne ressemble pas en quelque sorte à l'idiome de la Péninsule italique, créé par Dante, ou bien à quelques-uns des idiomes indigènes de l'Amérique; en un mot, n'est-ce pas l'italien des oiseaux? Est-ce qu'au contraire on ne trouverait pas à la parole chantée du Rossignol quelqu'air de famille avec les syllabes sonores, pleines, majestueuses et musicales de l'Espagnol? Est-ce que le monologue ou le dialogue chantés de la Fauvette n'a pas quelque ressemblance avec le Portugais, puisque sa parole a, en même temps, la douceur de l'Italien et la majesté de l'Espagnol? Est-ce que le Corbeau enfin n'a pas l'air de parler plutôt allemand, tout comme l'Hirondelle ou le Moineau paraissent parler anglais? Ce parallèle idiomologique serait peut-être plus curieux qu'utile à établir, et tendrait seulement à rapprocher, par les formes extérieures des idiomes et d'une manière intime, l'Idiomologie nouvelle de l'Idiomologie Humaine.

Il n'est que trop vrai que nous ne pouvons malheureusement pas pénétrer dans l'étendue, ni dans les replis de l'intelligence des Animaux pour en tra-

cer avec certitude les véritables limites, et cela
parce que nous ignorons leurs différents idiomes,
ce qui n'a point lieu pour les hommes auxquels nous
portons très-naturellement un profond intérêt. Cependant, après avoir dressé le Vocabulaire si éminemment court de chaque famille, pouvons-nous
croire que nous puissions jamais le regarder comme
le thermomètre, comme le panorama, comme
l'encyclopédie, non pas de toutes les pensées des
connaissances dè chacun d'entre eux, mais de leur
idiome? Non, sans doute, et la raison en est fort
simple : c'est que les animaux n'ont ni la volonté,
ni la faculté, ni la rage de parler toutes leurs sensations, toutes leurs impressions, toutes leurs pensées. En effet, hormis les actes ou les expressions
des grandes passions, leur intelligence est aphone.
La joie, le plaisir, la douleur, la crainte, la jalou-
sie, etc., voilà réellement le fond de toutes les
langues, le reste n'est que de la broderie. Elles
sont toutes primitivement pathétiques et restent à
ce point lorsque l'intelligence est stationnaire et,
sous ce point de vue, celle des Animaux ne saurait
être comparée à aucune autre; mais quel est l'observateur isolé qui pourra assister à l'audition vingt
fois répétée de paroles différentes, émises pendant
les différentes périodes de chacune de ces situations
morales ou physiques? Cela me paraît difficile : dès
lors, que chacun écrive ou note une parole, et réunies ensuite elles formeraient un jour le Vocabulaire
de la famille observée, car, je le répète, je ne crois
pas qu'un seul observateur puisse être assez heureux pour recueillir toutes les paroles d'une même

famille zoologique ; pour cela il ne faudrait pas
seulement habiter constamment au milieu d'elles ,
mais encore que le plus heureux des hasards vous
fît successivement passer en revue toutes les circonstances pathétiques de leur existence.

Ici s'élève une difficulté qui ressort tout naturellement de la théorie si juste et si fréquemment développée des relations de la pensée avec la parole ,
c'est-à-dire si l'on pourrait incontestablement penser
sans parler. Assez généralement l'on a cru que la
pensée n'était point indépendante des mots qu'elle a
polis ou créés pour se représenter sous une forme palpable, et l'on a dit que l'esprit se servait de mots
dans toutes ses spéculations, alors même qu'on ne
parlait pas. On sait tout ce que Condillac et Dege-
rando écrivirent sur la nécessité, l'indispensable
nécessité des signes verbaux pour le mécanisme ordinaire de la pensée. L'Idéologie nouvelle, unie à
l'étude des Vocabulaires Zoologiques, démontre que
ce sont là des erreurs. En effet, il y a deux choses
bien distinctes dans le domaine de l'intelligence : la
pensée d'abord, indépendante et libre de tout ce
qui est matière, et puis la manière de la manifester
par la parole, ce qui n'est plus elle, mais bien une
fausse traduction phonétique d'elle-même. Il en est
encore ainsi de l'écriture relativement à la parole,
car elle est également un autre système de traduction de la parole comme celle-ci l'est de la pensée,
et celle-là est également tout aussi incomplète,
tout aussi infidèle que l'autre.

C'est là ce qu'attestent à la fois et les animaux et
les mutisurdes ; c'est là aussi ce qu'a parfaitement vu

Schubert dans son excellent ouvrage sur la Symbolique des Songes. En effet, il est une situation normale dans laquelle ce fait est évident ; c'est le sommeil, et c'est peut-être pour cela que les Grecs distinguaient la parole des Chiens pendant la veille (υλακτεω), de celle qui était émise pendant le sommeil (Σκυζαν); et, bizarrerie philologique inexplicable, cette langue, qui était bien évidemment la même, prenait une troisième dénomination lorsqu'elle était amicale ou caressante (Κνυζαομαι). Est-ce que, hors des scènes dans lesquelles il y a des interlocuteurs, nous rêvons avec des mots ? Est-ce que les idées rapides et vives, au lieu d'être écrites ou parlées, ne se dessinent pas, ne se forment pas, ne se matérialisent pas, si je puis employer une pareille expression pour désigner un phénomène métaphysique? Mon illustre ami Ch. Nodier a donc eu parfaitement raison de dire, dans sa Théorie des Langues, qu'on pouvait penser, combiner des choses abstraites, les bien distinguer, sans avoir aucun mot pour les exprimer, et sans y penser le moins du monde. Ainsi, quand les Vocabulaires zoologiques seront aussi complets qu'il sera permis de le supposer, on n'aura même pas encore le droit de les considérer comme des panorama de l'intelligence de chaque famille ainsi étudiée.

Chez nous, comme chez les animaux, la pensée est antérieure et supérieure à la parole, de même que celle-ci l'est à l'écriture qui la représente ; toutes deux traînent péniblement et pâlement leur image métaphysique. Nous pouvons bien, sans doute, par l'effet d'une longue habitude , disserter en nous-même sur une question quelconque ; mais il est bien évident que si notre esprit était moins intimément lié à ses représentations matérielles, nous nous apercevrions plus d'une fois que nous pensons très-gravement et très-sagement , sans avoir recours à l'absurde procédé de la parole inarticulée ou mentale , c'est-à-dire à la parole qui n'existe point.

Nul doute , en effet , que si chez les animaux l'exercice interne de la pensée peut très-bien se passer de mots , que si la matérialisation de cette pensée est complètement indépendante de sa formation et de ses diverses combinaisons , il doit en être exactement de même chez l'homme, quoiqu'en aient dit quelques métaphysiciens, et voilà précisément ce qui nous explique les développements miraculeux de certaines intelligences privilégiées en l'absence des mots et de la société, ce qui semblerait démontrer que la solitude , sans vocabulaires à apprendre par cœur, vaut mille fois mieux, pour le développement de l'intelligence , que ces serres où chaque jour on l'étouffe sous le poids inutile des mots et des paroles. Nul doute aussi que l'on ne parlât moins verbeusement et que l'on ne pensât davantage, car l'aphonie vaut infiniment mieux que la folie. Ces vérités dernières fussent-elles après tout les seules que nous dussions déjà à l'examen du langage des bêtes , feront du moins que nos peines ne seront point complètement perdues.

Le travail admirable que l'intelligence est obligée de faire pour attacher une valeur idéologique à chacun des sons et des demi-sons de la gamme des

voyelles, n'identifie nullement la pensée et la parole : l'on pourrait très-bien penser, quoique
l'on ignorât complètement la science des mots et
celle de leur représentation, ainsi que cela est arrivé
à M. le professeur Lordat (1), et c'est précisément
ce qui engagea ce médecin célèbre à dire que no-
nobstant un sens intime sain, un entendement normal et des organes vocaux *et verbaux* parfaits, on
pourrait être atteint d'alalie, c'est-à-dire d'impossibilité de parler.

Abordons maintenant d'autres questions. Les
langues zoologiques sont-elles analogues aux nôtres?
En d'autres termes, pouvons-nous supposer que
comme celles de l'espèce humaine elles sont également soumises à des règles syntaxiques univer-
selles et constantes ?

Je ne conçois pas qu'une pareille question puisse
être posée et surtout discutée sérieusement, et pourtant, comme tant d'autres, elle a été agitée. Nul
doute que dans les idiomes humains cette circonstance majeure ne fasse toujours partie intégrante,
essentielle même, de la pensée articulée tout aussi
inévitablement que le rapport nécessaire des sons
avec les différentes circonstances de cette même
pensée ; mais après avoir demandé s'il en était ainsi chez l'homme, ne pourrait-on pas raisonnablement la reproduire pour les idiomes des animaux ?

On ne saurait nier que dans toutes les langues
essentiellement pathétiques, aussi expressives, aussi pittoresques, aussi compliquées qu'elles le sont

(1) Journal de la Société de Médecine Pratique, in-8°.
Montpellier 1843, p, 351.

en général, le fil d'Ariadne d'un pareil labyrinthe
ne soit très-certainement les lois du langage, réunies
dans ce que l'on nomme si improprement Grammaire ? La Grammaire n'est pas plus que la parole
une spéculation avantageuse, une découverte heu-
reuse de l'esprit ou de la raison. C'est tout simplement un complément indispensable de la traduction
fidèle de nos pensées. C'est elle seule qui nous permet
de représenter la succession des faits ou des idées
dans leur ordre matériel, comme chaque mot est un
trait particulier de ces mêmes faits ou de ces mêmes
idées. Ce sont deux conditions intimes et essentielles
d'une seule et même situation morale. Il serait en
effet tout aussi impossible de penser sans règles, sans
syntaxe, que de le faire sans intelligence. Dès le
moment qu'un homme pourrait arriver à parler
sans obéir à ces lois inévitables et divines, il aurait
perdu complétement l'usage de la faculté la plus
précieuse que Dieu lui ait accordée, de la raison.
Voilà précisément pourquoi il y a une Grammaire
commune à tous les hommes et mal à propos aussi
décorée du titre pompeux de Grammaire Générale,
avant que l'on connût toutes les langues, tout aussi
bien qu'une langue première, et pourquoi des écrivains myopes l'ont prise pour autant de grammaires
spéciales qu'il y a d'idiomes différents et cela surtout
avant d'avoir étudié les langues de l'Amérique.

Nous ne saurions donc dire maintenant trop haut
et d'une manière trop absolue que la loi de l'union
des mots est une loi physiologique inévitable pour
tous les êtres doués de la pensée et de la parole; et
de même qu'un bon peintre n'arriverait jamais à

tracer un portrait fidèle s'il déplaçait chaque trait, de même la parole ne représenterait jamais la pensée s'il n'en était pas la fidèle portion, la pure réflexion, et c'est précisément là ce qui fait qu'il en est exactement des mots comme des chiffres, c'est-à-dire qu'ils ont aussi leur valeur de position comme expression fidèle de la pensée. Quoique tous les grammairiens des langues indo-germaniques n'en aient pas dit un mot.

La valeur de position des mots est tellement un fait absolu et général que je ne connais point d'idiomes, si cultivés qu'il soient, qui n'en aient conservé quelques exemples. C'est même une des circonstances les plus importantes de la pensée, et c'est pour cela qu'on la respecte sur tous les points du globe, partout enfin où se rencontrent deux interlocuteurs. Les langues cultivées peuvent bien en perdre la trace, mais non pas celles que le peuple conserve avec tant de respect et d'amour. Ainsi, par exemple, dans les langues algonquines comme dans la numération romaine dix et un signifient onze, tandis que un et dix n'expriment que neuf. La seule différence entre les Romains et les Algonquins, c'est que les écrivains latins n'avaient pas de mot pour représenter ce dernier fait idéologique et qu'ils représentaient l'autre aussi mal (*unus decem*) que nous désignons chaque jour la Mère du Sauveur par l'expression de Vierge-Mère, ce qui est propre à toutes les femmes, au lieu de la Mère-Vierge, et l'Homme-Dieu, tandis qu'il faut bien évidemment dire le Dieu-Homme, etc.

On conçoit très-bien que des idiomes purement interjectifs en quelque sorte, puissent tout aussi bien

que les nôtres se passer de règles pour exprimer
clairement chacune des souffrances dont l'existence
est semée, mais pourtant lorsque l'animal voudra
se plaindre et dire qu'il souffre d'une douleur ou de
la faim, toutes les fois enfin que l'intelligence le
poussera à émettre une idée complexe, il faudra bien
nécessairement que sa parole représente exactement
sa pensée, et dès-lors que les faits phonétiques se succèdent dans le même ordre que les faits intellectuels
ou moraux, ou bien l'intelligence serait gravement
malade, ainsi que je l'ai longuement démontré ailleurs. Nul doute enfin que l'esprit ne saurait se dis-
penser de la puissance que la syntaxe donne aux
paroles, et parconséquent de l'indispensable fidélité de la représentation des idées par ces mêmes
paroles.

Je sais très-bien que certains philologues profonds
ne furent point étrangers aux idées que nous com-
battons ; mais il est plus qu'évident qu'une étude
moins superficielle devait donner bientôt un démenti
formel à leur opinion. N'avons-nous pas vu l'illustre
Vater affirmer que la langue des Chippeways était
entièrement dépourvue de formes, comme celle des
animaux, tandis qu'elle en est aussi surabondamment
pourvue que le Basque? Ceci n'est point étonnant,
car les savants en ont toujours dit autant de ce qu'ils
ne saisissaient point. Le P. Sagard n'éleva-t-il pas la
même accusation contre la langue des Wyandots
(Hurons) et les PP. de Nève et Molina contre celle
des Othomis ?

Ce serait donc une erreur par trop grossière que
de croire que la parole, dès qu'elle existe, peut, un

seul instant, ne point être soumise à des lois d'ordre et de succession, véritable représentation de l'ordre et de la succession idéologiques ; qu'elle partirait enfin de l'organe phonétique absolument comme le son de la harpe éolienne, c'est-à-dire sans méthode, sans ordre, et par conséquent infidèle à la pensée qu'elle veut retracer et faire connaître entièrement.

Nous ne saurions trop le répéter, la syntaxe n'est autre chose que la liaison forcée, inévitable de nos idées, suivies ou mieux représentées dans le même ordre, lors de leur manifestation vocale. Ceci est de rigueur et de rigueur absolue. En effet, comment pourrait-on concevoir, dès le moment que l'on admet que les mots ne sont autre chose que les différents traits qui nous servent à peindre la pensée pour en former une image exacte et complète, que chacun de ces traits pussent être émis autrement que dans l'ordre où ils se succèdent mentalement ? Comment chacun des mots qui concourent à la représentation d'un fait moral ne seraient-ils point placés dans l'ordre naturel de l'importance ou de l'intensité des diverses circonstances pathétiques ? C'est tout aussi impossible qu'un bâton sans bout. Aussi, comme on ne saurait en douter, c'est précisément à l'oubli des lois fondamentales du langage, qu'il faut attribuer l'omission inexplicable des Grammairiens européens, qui ne parlent nullement de la valeur de position des mots. C'est là pourtant le langage de la nature et même de la civilisation à certains égards, puisqu'après tout c'est celui de l'intelligence même, circonstance qui explique

pourquoi on le retrouve dans tous les idiomes (1) ;
et conséquemment on ne saurait douter un seul ins-
instant que l'Idiomologie des Animaux n'y soit aussi
forcément soumise dans toutes ses branches. Tout
démontre, en effet, que c'est également la première loi de sa syntaxe et nécessairement la plus inflexible. Enfin, elle est si forte partout, que n'importe dans quelle circonstance, je ne saurais jamais
me résoudre à croire qu'il peut exister un vocabulaire, si limité qu'on veuille bien le supposer, qui ne
soit pas soumis à l'impérieux besoin d'obéir à l'ordre
des impressions et des idées dans leur manifestation
phonétique.

Ainsi la valeur de position des mots, commune
dans tous les idiomes algonquins, est bien incontestablement aussi une conséquence inévitable et naturelle des opérations même de l'intelligence. Ce sont
là des formes et des travaux que la richesse même
des vocabulaires n'a fait que rendre de plus en plus
indispensablement nécessaire, car le chaos est l'an-
tipode de l'intelligence, tandis que l'ordre en est la
règle générale. Or, point d'ordre, point de raison
dans le chaos des mots, partant point d'idées claires,
et par suite inextricable confusion : c'est la parole
impuissante, réduite à ses éléments sans valeur ;
c'est la casse de l'imprimeur avant que de chaque
lettre empruntée dans l'ordre voulu il ne compose
des mots. Cet ordre est donc on ne peut plus essentiellement indispensable à la pensée comme aux

(1) Pierquin de Gembloux, Idiomologie Antique et Mo-
derne de la France Naturelle, 5 vol. in-8°.

faits qui le font naître, et tout aussi exactement que celle-ci l'est aux différents sons qui concourent à sa représentation. En un mot il est nécessaire partout, et il l'est bien plus encore lorsqu'il s'agit de s'élever à des idées complexes.

Si j'ai encore une fois la hardiesse de dire toute ma pensée, ou du moins d'avouer jusqu'où se sont étendues depuis vingt ans ou mes recherches ou mes réflexions à ce sujet, j'avouerai que s'il s'est trouvé des écrivains assez peu instruits pour soutenir que les idiomes des sauvages, pas plus que nos patois, n'avaient de syntaxe, c'eût été surtout dans le cas présent que cette assertion étrange eût pu, de prime abord, ne point paraître aussi absurde, et passer même aux yeux de quelques-uns pour une vérité philosophique. La syntaxe naît avec la pensée, et par suite antérieurement aux langages qui n'en sont, après tout, que la représentation. La syntaxe est un fait congénère à la pensée, et par conséquent celle-ci ne saurait être fidèlement rendue si l'autre était légèrement blessée. De tout cela, il faut conclure que la Syntaxe fait partie intégrante de l'Idiomologie des Animaux, aussi inévitablement que la pensée ou l'affection. Est-ce qu'il dépend de nous, en effet, d'admettre dans la douleur ou dans la joie d'autres cris que ceux que l'organe a la fonction et l'habitude de produire alors, et cela sur un point toujours déterminé de son étendue? Et comme il y a des nuances extrêmes dans toutes les souffrances, comme celles-ci ont leur période d'accroissement et de décroissement, pense-t-on, par exemple, que la voix puisse également suivre un autre

ordre , et que nous pourrons exprimer la peine que
nous fait éprouver la plus vive douleur , par l'interjection ou le verbe interjectif affecté à la plus faible?
Eh bien, de même qu'il y a un ordre inévitable
dans la succession des mots , il en est un aussi dans
l'émission des différents sons élémentaires qui les
constituent.

Ces sons élémentaires ont-ils débuté par être isolés?
L'animal, comme l'homme, en a-t-il forcément
réuni plusieurs pour former un seul et même mot,
afin de représenter tout un fait , toute une affection,
par différents sons empruntés aux tons attribués à
tels ou tels points pathétiques de l'organe vocal? C'est
ainsi du moins que je conçois l'Idiomologie des Animaux , sans penser toutefois que, comme dans celle
de l'homme , l'art ou la science ait jamais pu y
introduire des mots composés ou mixtes. Ici tous
les mots, quelque longs qu'ils soient, sont complexes comme sons pathétiques, et constamment
élémentaires comme mots. Aussi , quoi qu'on ait pu
dire en idiomologie humaine , je n'ai jamais pensé et
je n'ai jamais pu me prouver que les idiomes zoologiques fussent monosyllabiques, et il n'y a point
de langues dans ce cas, ni même dissyllabiques ,
quoiqu'incontestablement ces mots soient aussi composés de sons élémentaires, représentés par des
voyelles auxquelles on joignit ensuite des consonnes,
qui toutes avaient une valeur idéologique ou pathétique , décomposition dernière , véritable synthèse
à laquelle on ne saurait peut-être arriver complètement aujourd'hui pour aucune langue écrite.

Ainsi , règle absolue et générale tant pour

l'homme que pour les animaux, l'expression suivra
toujours forcément les phases de la douleur ou du
plaisir : elle croîtra d'énergie ou faiblira au fur et à
mesure que le mal sera plus vague ou plus intense;
mais dans tous les cas, l'ordre inévitable qui préside
à l'arrangement forcé des mots, est le même que
celui qui dirige le choix des sons élémentaires. Ces
deux phénomènes physiques sont forcés et sous la
loi suprême du moral, comme toute autre chose.
Est-ce que l'enfant qui a si vite fait son petit dictionnaire sur le cercle et l'étendue de ses besoins ou de
ses plaisirs, agit autrement? Les exprime-t-il ensuite autrement qu'il ne les sent, c'est-à-dire que
dans l'ordre de l'importance qu'il leur donne ? Met-
il autant d'accentuation dans l'expression de ses faibles désirs que dans celle de ses plus impérieuses
volontés? M. Lordat rapporte qu'un personnage de
deux ans lui racontait ainsi une grave anecdote dont
il était le héros , car les enfants et les sots sont constamment les héros de tout ce qu'ils ont vu , tant
l'homme est naturellement égoïste et personnel !
Chameau.... esplanade.... homme.... singe.... pam-
pam ! Il dit tout cela avec joie , emphase et labeur,
mais avec vivacité. Eh bien , il ne me paraît nullement douteux que c'est ainsi que les animaux doivent construire leurs phrases , leurs narrations. Mais
croit-on qu'il n'y ait point de lois syntaxiques dans
le narré de cet enfant, quoiqu'il soit privé de tant de
parties du discours? Croit-on que ces mots ne soient
point rangés dans l'ordre d'importance que l'esprit
de l'enfant accordait à chacune des circonstances du
fait raconté ?

Malgré cette simplicité élémentaire des phrases et des mots, ce serait à tort que l'on pourrait croire que les Animaux sont extrêmement bornés dans l'émission de leur pensée. Il y a dans leurs idiomes, comme dans les nôtres, une foule de circonstances phonétiques que l'alphabétisme de toutes les nations est dans l'impuissance absolue de rendre aux yeux, en sorte que tout ce qui n'est point dans la forme bien arrêtée des mots se retrouve toujours dans les inflexions, les intonations, etc., que nos lettres ne peuvent jamais formuler. C'est là ce qui entravera long-temps les progrès de l'étude des idiomes dont nous nous occupons en ce moment. Un fait acquis à la science dès à présent, car il est incontestable, c'est qu'en général les Animaux suppléent par ces moyens à l'absence des inflexions déclinatives ou conjugatives des langues indo-germaniques, de même qu'aux affixes de tout genre du Copte et de toutes les langues sémitiques, ainsi qu'aux particules significatives du Chinois. C'est, comme on le voit, l'articulation expressive de la pensée saisie à sa plus simple existence, quoique comprenant sans nulle confusion le plus grand nombre d'idées possibles, dans le plus petit nombre de mots, exactement comme chez les tribus sauvages de l'Amérique. C'est même, grâce à l'aide de ces procédés, que leurs idiomes, quoique réduits à une ou deux parties du discours, n'en expriment pas moins, par le secours puissant de l'intonation, de la prosodie, du pathétisme enfin, tout ce qu'ils ont intérêt à exprimer en donnant simplement à ces mêmes parties du discours, par le fait d'une extension toute pathétique, la valeur précise et puissante que nous donnons à nos pensées par les secours infinis que nous puisons dans l'arsenal riche et varié de toutes nos espèces de mots.

Ainsi, quelle que soit la véhémence de la passion ou l'impétuosité du besoin, l'animal ne prononcera pas toujours exactement de la même manière, mais reproduira constamment le même son, autrement modulé selon les cas, dans les circonstances identiques. Il s'exprimera toujours par des mots équivalents à ceux-ci : souffrir; aimer, craindre, manger, boire, etc. Dès lors il est évident que l'Idiomologie des Animaux, sous le rapport glossologique ou syntaxique, doit être aussi simple que celle du céleste Empire, et comme toutes les langues de la Chine celles des Animaux observeront constamment la règle importante et pour ainsi dire unique de la valeur de position des mots, que le latin lui-même ne dédaignait pas toujours, pas plus que toutes les langues inversives. Comme les idiomes du céleste Empire, ceux des Animaux m'ont paru complètement dénués de formes et se passer très-bien aussi de liaisons grammaticales. Si ces conditions spéciales n'ont certainement point varié depuis Confucius, quant au Chinois, il est à peu près certain qu'il en est de même quant à l'Idiomologie des Animaux. Chaque idiome en effet est né successivement le même, dans chaque famille zoologique, depuis le jour de la création, sans que je nie toutefois que la domesticité et surtout l'intime familiarité, de même que l'éducation, ne puissent étendre à la fois les bornes de leur intelligence et de leur parole.

7

M. Duponceau a dit, avec juste raison, ce serait une question curieuse à examiner que celle de savoir quelles sont les parties du discours indispensablement nécessaires à la formation d'une langue, et quelles sont celles dont elle pourrait à la rigueur se passer. Ce n'est qu'en comparant toutes les langues existantes que ce problême pourra être résolu. Il semblerait, au premier coup-d'œil, qu'il n'y a qu'un très-petit nombre de ce qu'on appelle *Parties du Discours* qui soit indispensablement nécessaires à la représentation ou à l'expression des idées.

A l'époque où notre savant compatriote écrivait ces lignes, le Mithridate avait déjà fondé la Grammaire Comparée pour l'Idiomologie Humaine, et il s'agit aujourd'hui d'en rechercher aussi les lois, quant à l'Idiomologie des Animaux. Tout ce qu'il a dit ou supposé, me paraît aujourd'hui démontré parfaitement, grâce à l'étude grammaticale de l'Idiomologie des Animaux, ainsi que l'on va bientôt en être convaincu, et nous avons à ce résultat plus d'un intérêt essentiellement grave. En effet, comme la Grammaire et la Glossologie dévoilent on ne peut plus heureusement l'intelligence qui les créa, ne serait-ce pas là aussi, pour les animaux comme pour l'homme, un moyen à la fois diagnoctic et dynamométrique, si je puis m'exprimer ainsi, de l'intelligence servie par des organes?

Ici les faits se présentent tout nus, ce sont des perceptions simples et c'est sans artifice d'aucune nature que l'animal les transmet ou les communique. Enfin, la Grammaire de l'Idiomologie des Animaux ne nous mettra-t-elle point sur la route réelle que les Métaphysiciens crurent avoir dévinée, et qui dès-lors n'hésitèrent point à tracer une route uniforme pour la création de la pensée parlée? Ainsi, l'on aurait commencé, selon eux, par dénommer les objets visibles; aux noms génériques auraient succédé les noms spéciaux. Vous pouvez voir, dès-lors, combien l'intelligence de l'homme est philosophique dès ses premiers pas. Adam Smith prétendit, au contraire, que les noms de genre ont été formés avant ceux d'espèce, et que l'on a dit le fleuve ou la rivière avant de dire la Seine ou la Marne. Croit-on donc bien sérieusement que le premier besoin et le premier plaisir qui réclament des noms soient les fleuves, les rivières ou les arbres? Quoi qu'il en soit, de là on aurait passé aux adjectifs, aux pronoms, aux verbes et ainsi de suite. Cette théorie faite à plaisir, et sans travaux préalables d'érudition, est évidemment fausse, non pas seulement d'après les lois de l'Idiomologie des Animaux, mais comme on peut s'en assurer facilement aujourd'hui, d'après l'Idiomologie des populations indigènes de l'Amérique, qu'il faut enfin prendre aussi en considération dans la Philologie comme dans la Grammaire générales.

On a dit, en général, que le fondement de toutes les langues humaines sont les mots qui désignent les choses, et pourtant nul doute que ces parties du discours ne soient complètement étrangères à l'Idiomologie des Animaux, comme on peut très-facilement aussi s'en assurer. On conçoit en effet que les animaux puissent très-bien s'appeler sans se nommer, car cela arrive très-souvent à l'homme. De là, résulte donc l'inutilité manifeste des *noms propres*,

des *pronoms personnels*, etc., et l'on comprendra
tout aussi facilement qu'ils n'aient pas besoin non
plus du secours des *substantifs* pour désigner les
choses. Leur vie et ses besoins peu nombreux se
passent parfaitement bien de ce luxe de paroles, et
la preuve d'ailleurs qu'il en est réellement ainsi,
c'est qu'au lieu d'avoir des noms différents pour
chaque individu, dans chaque famille, lorsqu'ils
veulent s'appeler ils émettent au contraire constamment le même son, la même articulation.

Les Idiomes Zoologiques pas plus que le Mahican,
le Lenapé, ou toutes les langues Algonquines, ne
sauraient avoir non plus d'*adjectifs*, puisque cette
partie du discours exprimant aussi des modifications
pathétiques existantes, se confond naturellement
dès-lors avec le verbe. Une autre raison encore
de son absence dans l'Idiomologie des Animaux,
c'est qu'elle désigne surtout une qualité sous forme
abstraite, raffinement intellectuel dont bien évidemment les animaux ne sont pas susceptibles, et qu'il
leur serait d'ailleurs fort inutile de connaître. Ainsi
il y aurait bien incontestablement pléonasme dans
l'Idiomologie des Animaux si l'on y rencontrait à la
fois le Verbe et l'Adjectif qui n'en diffère après
tout que par la forme, ou même qui n'est tout bien
considéré qu'un verbe incomplet comme le substantif et prenant souvent, comme dans les langues
Algonquines, la forme du verbe.

L'absence de l'adjectif semblerait autoriser à croire
que le *superlatif* est également inconnu dans l'Idiomologie des Animaux. Ceci serait une grave erreur,
à moins que l'on ne voulût confondre le superlatif

avec l'adverbe, mais nous allons voir que ce n'est
guère possible. Cependant quoique l'Idiomologie
Zoologique n'ait point de superlatif pour rendre
l'extrême joie, l'extrême douleur, ou l'extrême
colère, elle y arrive par un autre procédé que nous
retrouvons également dans l'Idiomologie Humaine,
et qui est surtout parfaitement perceptible dans la
colère du Chien, du Chat, du Lion, du Tigre, etc.,
comme dans celle de l'homme de toutes les nations.
Je me suis très-souvent convaincu que les Animaux
parvenaient à représenter ces différents états moraux,
soit comme les Hébreux, en répétant plusieurs fois
de suite le même mot, interjection ou verbe peu
importe, soit, et c'est ce qui arrive plus fréquemment encore, comme chez les Madékass, par exemple, et je dirai même comme chez tous les peuples
en proie à une passion violente, c'est-à dire en pro-
longeant démesurément la voyelle ou syllabe ini-
tiale ou médiale de l'interjection ou du substantif
verbal. Ainsi, par exemple, les Madékass rendent
notre mot *grand* par *be*, comme dans la langue des
Moutons où cette expression n'a pourtant pas la
même valeur idéologique. Selon que ces peuples
veulent donner une idée de plus en plus forte de la
grandeur, ils prononcent la voyelle comme si elle
était redoublée, triplée, quadruplée, etc., *bée*, *béée*,
béééééé. Ils allongent de même *ratchi* (mauvais)
pour obtenir le même résultat. En effet, lorsqu'ils
veulent désigner quelque chose de très-mauvais, ils
traînent la première syllabe en appuyant fortement dessus pendant environ deux secondes et presque toujours avec un air d'acclamation. Ce procédé

pathétique n'est-même pas étranger à nos paysans
et démontre que tous les animaux, comme tous
les hommes, soumettent leur phonétisation à leur pathétisme.

L'article, n'étant qu'un adjectif déterminatif, existe,
exprimé ou sous-entendu, dans la majeure partie
des branches de l'idiomologie humaine, et sa présence
n'étant pas indispensablement nécessaire à la pein-
ture-de la pensée par la parole, il est plus que naturel de conclure que l'Idiomologie Zoologique ne
possède pas plus cette partie du discours que la
langue Russe et ses Patois.

Nous en dirons autant des *Adverbes*, qui qualifient
le verbe comme l'adjectif qualifie le substantif, et qui
ne marquent ni l'affirmation, ni la négation, ni le
temps, qui, après tout, ne représentant que des abs-
tractions, ou que les Animaux n'apprennent point, ou
qu'ils ne connaissent pas plus que les innombrables
idiomes des tribus Indiennes et qui ensuite n'ont
guères d'autres propriétés grammaticales que celles
du superlatif des verbes. Il est par conséquent à présumer qu'ils rendent encore par le procédé de l'a-
longement ou de la répétition, ainsi que par le ton
ou l'accentuation, les *prépositions* et les *conjonctions* qui, à proprement parler, ne sont pas plus
des mots que les affixes, et qui, constituant un luxe
superflu, ne sauraient se trouver dans l'Idiomologie
Zoologique. Elles sont bien évidemment l'œuvre
d'une civilisation avancée, une incontestable in-
vention de l'intelligence humaine et non une simple
sugestion de la nature, puisqu'isolées elles n'ont
absolument aucune valeur. L'on conçoit tout natu-

rellement que l'on ne doit pas plus rencontrer les *pré-positions* et les *conjonctions* dans l'Idiomologie Zoologique que dans la majeure partie des langues indiennes, les Chyppeways exceptés qui ont le *και* avec la même valeur. L'*interjection* seule est nombreuse dans les langues des Animaux et qu'elle soit verbifiée ou substantivée, ce qui revient au même, c'est réellement là le fond de l'Idiomologie Zoologique.

Ainsi donc l'on ne trouve dans l'Idiomologie des Animaux-que l'*interjection* et le *substantif* verbal, modifiés par le pathétisme, selon l'opportunité.

Dans tous les cas la simplicité presque chinoise des résultats que nous venons d'obtenir atteste l'indépendance de notre esprit, l'absence de toute préoccupation scientifique ainsi que le dégré de certitude ou tout au moins de probabilité de nos recherches et de notre observation soutenue et répétée. En effet, maître de nous on ne pourra point, j'espère, nous reprocher, comme aux auteurs des recherches sur l'Idiomologie Mexicaine, par exemple, d'avoir tout osé pour faire accorder les formes grammaticales de l'Idiomologie des Animaux avec celle du Grec, du Latin, du Français, etc. Dans notre isolement nous n'avons vu que la nature, parce que nous ne cherchions qu'elle. De tout ceci, l'on doit conclure que rien ne ressemble autant aux innombrables Idiomes des sauvages des deux Amériques que l'Idiomologie Zoologique, ainsi que l'on peut aisément s'en convaincre, grâce aux travaux récens des savants indigènes.

A part cette circonstance même, quoi d'éton-

nant que les animaux puissent construire leurs
phrases, alors qu'ils manquent de certaines parties
du discours, alors que les verbes se subtantivent ou
que les substantifs se verbifient, sans qu'ils puissent
toutefois se conjuguer, en un mot, qu'ils se rédui-
sent au présent de l'infinitif, comme dans l'Idiomologie humaine, qui de plus a l'avantage presque général de le conjuguer. Est-ce que les indigènes de
l'île de Madagascar s'expriment différemment ? Non
certes, puisqu'en fait de conjugaisons ils n'ont également pour tout temps, pour tout mode, que le
présent de l'infinitif Ainsi, *mangui* veut dire se taire,
vese, nager, etc., et cela se conçoit, puisque le verbe
représente les accidents pathétiques existant actuellement. Aussi dans l'origine des langues un mot servait à la fois de nom et de verbe, et la preuve, c'est
qu'on retrouve ces deux formes d'un même mot
dans toutes les langues humaines, D'après cela, l'on
concevra parfaitement pourquoi l'Idiomologie Zoologique, ainsi que l'Idiomologie de la Polynésie et
même des deux Amériques, tout comme certaines
langues sémitiques manquent des temps du présent
et ne possèdent pas non plus les verbes être ou avoir.
Dans tous ces cas, l'idée superflue de l'existence
n'est point exprimée : c'est un pléonasme dont
l'Idiomologie humaine est seule capable dans la majeure partie des cas. Il est évident en effet que celui
qui dit *je suis*, pourrait très-bien se passer de cette
affirmation, puisque s'il était mort il ne parlerait pas ;
aussi *ego sum qui sum* est-il intraduisible pour ces
idiomes innombrables. Ce verbe regardé comme indispensable par tous les grammairiens est donc inu-

tile aussi, c'est du luxe et les Animaux n'en ont point
en paroles. C'est si vrai que très-souvent nous disons
comme les Outawass, à qui le canot (*ouatchimanet*)?
oh mon Dieu! *Péter's Book* (Péter his Book) que
nous dirions même en français, (Pierre, son livre.)
Que penser maintenant de l'opinion de Condillac
qui voulait qu'à l'origine des langues, le premier
verbe inventé ait été celui qui marquait l'existence
et que tous les autres même n'étaient encore que
lui, uni à un substantif (1)? MM. Cousin et Jouffroy
qui m'honorait de son amitié, n'ont-ils pas l'avantage d'avoir émis les premiers la théorie philosophique appuyée par l'Idiomologie Nouvelle?

Ici comme dans les langues algonquines le verbe,
non conjugué même, est la clé du langage et con-
centre en lui, c'est-à-dire en une seule parole, une
multitude d'accessoires à l'idée verbale. Aussi peut-
on dire du verbe, de l'Idiomologie Zoologique, ce que
le docteur Edwin James en dit, quant aux langues
algonquines, alors qu'il le compare à Atlas portant
le monde sur ses épaules. C'est enfin le substantif
indéclinable, comme dans le système général des
langues de l'Amérique.

La grammaire des Idiomes Zoologiques est-elle
aussi compliquée que celle des langues humaines et
surtout que celles du Nouveau-Monde? Nous venons
d'exposer rapidement tout ce qu'une infatigable et
longue réflexion a pu nous révéler ou nous autoriser
à croire. Je ne pense pas que nous soyons jamais
en état de répondre mathématiquement et plus com-

(1) Cours d'étude. Grammaire, chap. VIII.

plètement sur ce point important de l'Idiomologie des
Animaux. Aller au-delà de ce que nous avons déjà
osé dire, serait, ce me semble, une témérité beaucoup plus nuisible qu'utile. Sauf toutefois ce qu'une
étude plus approfondie, ou mieux faite, pourra dé-
voiler à l'avenir, nous avons vu que les Idiomes
Zoologiques ne sont guères composés que d'exclamations, d'interjections ou de substantifs verbaux, et
que le superlatif et l'adverbe sont remplacés par un
double procédé commun à l'Idiomologie humaine,
modifications on ne peut plus naturelles sans doute,
mais extraordinairement habiles et que produit
l'intelligence inculte, dans ses divers dégrés de développement, agissant sur l'organe qui lui appartient
et qui lui sert d'interprète : organe qui, dans ce cas,
représente ainsi la douceur ou la véhémence du
pathétisme par l'habitude de la parole ainsi que par
l'éducation ou la transmission de ces mêmes créations phonétiques.

Nous venons de voir bien évidemment que
l'on retrouvait en général dans l'Idiomologie humaine les divers procédés syntaxiques ou gramma-
ticaux des Idiomes Zoologiques et qui nous paraissent
bizarres, à nous qui ne connaissons guères que les
formes grecques ou latines des noms, des articles,
des verbes, des substantifs, des superlatifs, des adverbes, des prépositions, des conjonctions, etc. Tout
cela ne fait-il pas légitimement présumer aussi,
1º l'identité d'une langue primitive, commune aux
animaux comme aux hommes et point de départ
de toutes les langues des temps antiques et des temps
modernes? 2º La possibilité de la réunion dans une

seule et même partie du discours, de toutes celles admises jusqu'à présent par les divers grammairiens, tant elles rentrent naturellement les unes dans les autres par différents points ?

Je ne saurais même, à ce propos, me résoudre à passer sous silence une observation qui me semble confirmer également les récits de la Bible, puisque plus les langues remontent haut dans les temps reculés, plus on retrouve fréquemment encore l'emploi du procédé syntaxique de l'Idiomologie des Animaux, consistant à dériver certains verbes des interjections ou des exclamations, afin de mieux représenter l'action dont cette espèce de mots ne formule après tout que la situation actuelle et momentanée, car pour les bêtes le présent est tout. L'hébreu, le sanscrit, le grec, le latin, le français lui-même ont des verbes ainsi construits. Ce sont en quelque sorte des interjections verbifiées, et cette méthode, savante en apparence, est tellement le produit inévitable des fonctions cérébro-phonétiques, qu'il ne serait pas difficile de trouver encore des exemples analogues dans toutes les langues modernes de l'espèce humaine. Ainsi, par exemple, si les Grecs avaient πολυ-γη-θης et γη-θεω (γε ! γε !), les Romains *geh-mere* (veh ! geh !) *vapulare* (vah ! ah !) les Français, hahanner (ah ! ah !) huer (hu ! hu !) hous-piller (hous ! hous !) se garer (gare !) etc., modifications verbales évidentes de l'interjection, et on ne peut plus communes aussi dans l'Idiomologie Zoologique, ainsi que peuvent en donner un exemple le Chien qui vient de recevoir une blessure grave, la Tourterelle qui gémit dans la saison des amours, la Tortue en colère

parce que la brosse, frottant sa caparace, endolorit
ses membres etc. C'est précisément là ce qu'avait
parfaitement entrevu Schlegel lorsqu'il a dit, dans
ses Observations sur la Langue et la Littérature
Provençale; qu'en modifiant les lettres radicales,
et en ajoutant aux racines des syllabes dérivatives
on forme des mots dérivés de diverses espèces, et
des dérivés de dérivés, on compose des mots de
plusieurs racines pour exprimer les idées complexes et, aurait-il dû ajouter, ce mécanisme qui
commence à l'accouplement des lettres, à la sylla-
bation philologique ou idéologique, est involontaire,
irrésistible, inévitable même et par conséquent
commun aux deux Idiomologies.

Si, comme je m'en suis assuré très-souvent, toutes
les parties du discours, que nous avons vu exister
réellement dans l'Idiomologie Zoologique, peuvent
être employées séparément, quoi d'étonnant que
la grammaire de l'Idiomologie Zoologique soit comme
celles des langues Indiennes ou de celles de l'empire Chinois, composée de mots isolés, dyssillabi-
ques ou tryssillabiques, dépourvus d'inflexions et
de ces liaisons qui nous paraissent si essentielles à la
formation et à la constitution du langage? N'est-ce
pas, en quelque sorte, l'étonnante simplicité des
langues de l'Asie? Mais il est encore une observation
fort curieuse et fort importante, que nous ne devons
pas omettre, c'est que de même que les idées se
succèdent ou sont complexes, de même les mots
qui représentent chacune d'elles se suivent et se
lient en quelque sorte. Cette manière d'accumuler
ainsi les mots quand les idées se pressent, n'est pas

exclusive à l'Idiomologie des Animaux ; elle se retrouve aussi chez les Macmacs ou Souriquois , chez
les Abénaquis, et il en résulte, dans les deux cas,
des mots d'une longueur apparente fort extraordinaire ; mais, circonstance fort remarquable aussi
dans les deux cas, c'est que ce sont toujours des
substantifs qui expriment constamment des situations pathétiques, ce qui prouve, je crois, que dans
aucune langue les mots représentant des idées
abstraites n'ont été faits les derniers, et que si on ne
les trouve pas dans l'Idiomologie indo-germanique,
c'est qu'elle est trop vieille et qu'ils en ont disparu.
Voilà ce qui explique l'interminable chant pathétique du Rossignol, du Canari, etc. Si l'on y remarque
des différences notables, c'est que la même phrase
peut, comme en latin, être construite de cinquante
manières différentes avec les mêmes mots. C'est
l'histoire de : Belle Marquise, vos beaux yeux me font
mourir d'amour ; d'amour vos beaux yeux, belle
Marquise, me font mourir d'amour, etc.

De tout ceci concluons qu'il en a été des grammaires comme des langues elles-mêmes, qu'elles sont
allées aussi en se développant, en s'étendant. En
un mot, la Grammaire primitive de l'Idiomologie
Humaine était-elle aussi simple que celle de l'Idiomologie Zoologique ? Dans l'affirmative, les Idiomes
du Nouveau-Monde seraient incontestablement les
plus anciens et les patois basques les plus récents, ainsi
que nous l'avons démontré par d'autres moyens il
y a déjà bien long-temps. En effet, les uns sont
polysynthétiques et les autres ne le sont pas. Ici enfin,
comme dans le Chinois et l'Othomis, le sens de la
phrase détermine toujours la valeur exacte du mot.

Il y aura un point de Glossologie qu'il sera très-intéressant de chercher à constater dans l'Idiomologie Zoologique, car c'est un phénomène on ne peut plus fréquent dans l'Idiomologie Humaine. Je veux parler de l'isophonie ou homophonie sans aucune trace de synonimie. En effet, il n'y a pas sur la surface du globe un seul idiome qui ne contienne quelques mots que l'on ne retrouvât dans un autre, et presque toujours avec une valeur idéologique différente. Il en est de même dans l'Idiomologie Zoologique : ainsi le Butor (*Ardea Stellaris*, C.), reproduit la parole du Taureau, et cette circonstance extraordinaire n'avait point échappé au génie d'observation dont le peuple est doué, car c'est de là qu'il tire sa propre dénomination (*Bos-Taurus.*); le Canari (*Fringilla Canaria*, L.) et la Pintade, quelques cris du Wistiti commun, etc. Ceci est également un fait hors de doute, mais ces mêmes mots, communs à plusieurs familles Zoologiques, ont-ils aussi la même signification? C'est ce que je n'ai pu constater encore et dont pourtant il importe aussi de s'assurer. Enfin, et ceci soit dit en passant, je ne sais pas encore jusqu'à quel point le peuple a eu raison de faire deux idiomes distincts, ainsi que l'annonce la différence des dénominations, de la langue des Corbeaux (*Corvus Corax*, L.) et de celle des Grenouilles (*Ranæ*).

Avec l'aide de tout ce que je viens d'exposer, je n'ai nullement la prétention de m'élever jusqu'à la traduction de la chanson du Rossignol, ainsi que Dupont de Nemours eut la hardiesse et le malheur de le tenter, en homme qui ne se doute nullement des difficultés qne présente un semblable travail.

L'Idiomologie Zoologique n'est point assez avancée pour cela, et de plus le système de traduction suivi était inadmissible. En effet, cet écrivain suppose, sans nulle recherche sans aucune discussion, deux choses qui, selon nous, n'existent point. D'abord, une langue aussi riche que celle des hommes civilisés, et de plus, une syntaxe aussi compliquée, dans ses procédés, que la syntaxe humaine ; car je passe même sous silence l'impossibilité des doctrines littéraires Voltairiennes chez les Rossignols. Ce badinage spirituel n'est point l'œuvre d'un physiologiste, ni d'un philosophe et encore moins d'un philologue. C'est tout simplement une débauche d'esprit aussi spirituelle, aussi gracieuse que la Romance du Chien de mon célèbre ami Creuzé de Lesser. Dans notre opinion, une traduction réelle de la parole, plus ou moins accentuée, allant même jusqu'au chant si pur et si cadencé du Rossignol, ne saurait jamais être qu'une suite d'interjections, d'exclamations ou de substantifs verbaux, avec un nombre infini de variations sur le même son, qui en partagent la durée et en rendent l'expression plus vive, plus poignante ou plus agréable. Nul doute enfin, que le Vocabulaire de chaque famille Zoologique ne se borne à un très petit nombre de sons, ayant une valeur pathétique bien arrêtée, subissant de légères modifications de durée, de force et d'intonation, selon la faiblesse ou l'intensité de la passion, au moment où l'animal chante ou crie dans l'ordre syntaxique inévitable.

L'Idiomologie Nouvelle est-elle, comme celle de l'espèce humaine, composée de mots formés par l'habile et savant mélange des voyelles et des consonnes? Ou bien, comme chez certaines tribus sauvages, les Vocabulaires Zoologiques sont-ils exclusivement composés de mots d'une étendue plus ou moins variée et variable, sous le point de vue de la prononciation ou de l'accentuation et formés exclusivement de voyelles?

On a singulièrement exagéré la difficulté que quelques animaux éprouvent à prononcer certaines consonnes, et l'on s'est cru, bien à tort, autorisé à en conclure que la conformation anatomique des organes vocaux expliquait très-bien ce phénomène. Et en outre, comme il a plu aux grammairiens de classer les consonnes d'après les parties anatomiques qui concourent à leur articulation chez l'homme, avant d'examiner si les animaux privés de ces mêmes parties ne les prononçaient pourtant pas, on en a trop rigoureusement conclu que tous les animaux ne pouvaient point prononcer toutes les consonnes. C'est comme si l'on avait pris les Chinois pour point de départ de l'alphabétisme universel et que l'on eût dit alors: l'homme ne peut pas prononcer B, D, R; ou bien B, P, D, T, si l'on était parti des Misniens.

Un fait constant, c'est que dans certains idiomes Zoologiques, de même que dans ceux de l'espèce humaine, les voyelles abondent beaucoup plus que les consonnes, et si, jusqu'à ce jour, les animaux peuvent donner toutes les voyelles, en est-il de même quant aux consonnes? L'articulation des consonnes, en d'autres termes, est-elle bien réellement liée aux parties anatomiques désignées par les grammairiens, et leur absence chez les animaux, est-elle très-certainement la conséquence naturelle de l'absence, ou mieux de la privation de ces mêmes organes ? Dans tous les cas quelle doit être la nature matérielle de ces différents mots ? Je ne doute nullement que l'étude attentive de l'Idiomologie Zoologique ne démontre un jour que les différentes classes d'animaux articulent toutes nos consonnes, partant que la classification organique de ces lettres est complètement vicieuse, et, quant à la dernière question, je crois avoir rapporté tout ce qu'il était permis de dire aujourd'hui.

CINQUIÈME PARTIE.

GLOSSOLOGIE.

> Les bêtes parlent et s'entendent
> entre elles tout aussi bien que nous,
> et quelquefois mieux.
>
> Le père BOUGEANT.

> J'avais recueilli encore quelques
> signes particuliers ; lorsque j'ai
> voulu les mettre en ordre, je me
> suis aperçu que leur signification
> n'était pas toujours en rapport avec
> leur conformation. Il est donc pré-
> sumable qu'ils ont été, pour la
> plupart, fort mal copiés. J'attendrai
> pour les faire connaître, etc.
>
> L'abbé PROMPSAULT.

> Celui qui commence un livre n'est
> que l'écolier de celui qui l'achève.
>
> Antoine DE LA SALLE.

IDIOMOLOGIE

DES

ANIMAUX.

———◄●●►———

La Bible dit positivement qu'Adam attribua à chaque animal le nom qui lui convenait et qu'il devait conserver. N'est-ce pas déjà donner une idée suffisante de l'immense supériorité du roi de la création sur toutes les autres intelligences servies par des organes?

Postérieurement au grand cataclysme phonétique, ces noms s'altérèrent ou se perdirent, et chaque tribu humaine, ignorant les dénominations adamiques, fut contrainte d'en former de nouvelles, qu'elle puisa tout naturellement dans les caractères anatomiques qui la frappèrent le plus, ou dans tout autre accident, mais, circonstance fort extraordinaire! c'est que dans aucun idiome connu, tous les noms de la parole de chaque tribu zoologique ne furent point tirés de celui de l'animal, sauf de rares exceptions. Ainsi, les Français ne disent point rossignoliser, hirondéliser, fauvétiser, alouétiser, moutoniser, chevaliser, éléphantiser, etc., quoiqu'au lieu

de boviser, nous disions, ce qui vaut mieux, beu-
gler, que les étymologistes prennent pour un mimologisme, piailler (pie), corbiner (corbeau), chevro-
ter, etc., que nous avons adoptés, dans l'usage vulgaire,
tout comme les Romains se servaient métaphysique-
ment de *adhinnire*, etc. Ce procédé, si naturel et si
philosophique, n'a guère été employé que dans l'Idiomologie humaine, quoique la règle ne soit pas sans
de nombreuses exceptions. En effet, que les peuples
soient policés ou non le même phénomène se reproduit toujours. Ainsi, en Chippéway, le nom de
la parole (*Migid*) du Chien, ne dérive nullement
de celui de l'animal (*Enimous*) etc. Il en est de même
dans toutes les langues algonquines, et l'on pourrait même étendre cette observation jusqu'à l'Idiomologie des deux Amériques et de la Polynésie.

Il en est exactement ainsi pour les langues savantes :
le sanscrit, par exemple, donne le nom de *Kakh*
(Kakhati, à la troisième personne de l'indicatif),
à l'idiome des Makaques (*Kakhi*); d'*Avati* à celui
du Bélier (*Avi*); de *Vedati* à celui du Chat (*Vidala*);
de *Bhachati* à celui du Chien (*Bhachako*); de *Gad-
jati* à celui de l'Éléphant (*Gadja*); mais toutes les
autres dénominations dérivent de toute autre source.

Les Grecs ont suivi les mêmes procédés appella-
tifs : Ainsi de γρυλλος, ils ont fait venir Γρυλλιζω
(grogner) : Στρουθιζω vient de στρουθος (parler comme
les moineaux) : Κωγμω de Κοοξ : ογκομαι de ονκος.
Les Romains se sont bien moins écartés encore
de cette méthode, puisqu'ils dérivèrent *gruere* de
Grus; *cucullare* de *Cucullus*; *ululare* de *Ulula*; *boare*
de *Bos*; *barrire* de *Barrus*; *felire* de *Felis*, etc.

De tous les peuples qui ont le plus observé la nature, de tous ceux qui ont accordé le plus d'attention à l'Idiomologie Zoologique, les Romains et les
Chinois sont placés aux deux extrêmes de l'échelle.
Il n'y a peut-être pas de langue aussi riche que le
latin sous ce point de vue et il n'y en a pas d'aussi
pauvre que le chinois. Ce phénomème philologique
a également une cause, et je ne crois pas qu'il
faille la chercher ailleurs que dans la religion qui
comme offrande ou comme divination, accordait à
la zoologie une importance toute particulière chez les
Romains.

Parmi les réflexions qui naissent tout naturellement des recherches de ce genre, nous ferons seulement remarquer encore que ces dénominations
sont quelquefois communes à plusieurs familles zoologiques ; confusion qui annonce l'absence d'observation approfondie, et qui, sous ce rapport, assimile
toute langue à l'ignorance presqu'absolue de celle
des Chinois. Dans tous les cas, peut-on croire que
ces différentes tribus parlent un même idiome, ainsi
qu'autoriseraient à le croire de pareilles dénominations ? Les hommes, ou se sont trompés évidemment ou n'ont point voulu observer. Ainsi pour
le français, le Hibou et la Chouette qui huent ; le
Chat et le Léopard qui miaulent ; la Grenouille et le
Mangou qui coassent ; le Guêpier, la Linotte, le
Roitelet et l'Hirondelle qui gazouillent ; le Loup et
l'Orfraie qui hurlent ; le Ramier, la Tourterelle et
le Pigeon qui gémissent ou qui roucoulent ; le Sanglier et le Canard qui nasillent ; l'Ours et le Sanglier
qui grommelent, etc., parlent-ils donc très-certainement la même langue ?

Cela n'arrive pas seulement au français, mais
à toutes les langues, et le latin lui-même, si prodi-
gieusement riche sous ce rapport, offre aussi des
rapprochements analogues. Ainsi, l'Onagre et le
Bœuf gémissent (*gemere*). Mais c'est bien pire encore
dans les idiomes du Celeste Empire, où le même signe
(*ming* chanter), désigne indistinctement la parole
de presque toutes les intelligences douées d'organes
vocaux, tant le peuple, moralement stationnaire,
négligea complètement l'étude de la zoologie ou l'observation de la nature. Pour eux aussi, le Tigre
et l'Homme se servent du même idiome, de la même
parole (Hao), et il en est de même quant au Cerf,
à l'Éléphant, etc., tant la croyance, dans l'unité
primitive d'une langue commune, est antique et générale !

Comme les produits de l'appareil vocal sont dis-
semblables aussi sur tous les points du globe, il est
évident qu'il fallait donner à chacun d'entre eux
des noms topographiques ou nationaux, mais c'est
précisément parce que, sous toutes les latitudes les
Idiomes Zoologiques restent exactement les mêmes
qu'il fallait nécessairement leur donner le nom de
la famille qui en était douée. Ici, dans aucune
langue, on ne retrouve cette haute et profonde
philosophie qui présida toujours à leur création.
Je sens bien qu'il était assez difficile de former un
verbe mimologique propre à rappeler la prédominance de telle ou telle voyelle dans l'Idiome de
chaque Tribu Zoologique; mais c'est précisément
pour cela qu'il était indispensablement nécessaire
de suivre la méthode employée dans l'Idiomologie
Humaine, c'est-à-dire ded ériver la dénomination de

la langue du nom même de la tribu qui la parle.
Ainsi, comme on ne pouvait, pas plus pour les animaux que pour l'homme, dire la langue de l'A, de
l'E, de l'I, de l'O, de l'U, du S, du W, etc., et
que d'une autre part chaque tribu humaine, cons-
tituée politiquement, avait un idiome plus ou moins
différent de sa tige ascendante ou collatérale, tout
en conservant cependant la physionomie originale,
on imposa tout naturellement au langage le nom
de la tribu. C'était là ce que l'on devait également
faire pour l'Idiomologie Zoologique.

Il est bien évident que l'on ne peut point appliquer le même procédé aux idiomes zoologiques : ici
point de dialectes nouveaux : on ne les crée point, ils
ne naissent point, ils ne se forment point, ils sont
liés à l'organe dont ils sont une véritable fonction,
s'exécutant, comme celles de tous les autres appareils, sans éducation, sans instruction. Tout ce que
l'on peut accorder, c'est qu'ils se transmettent, quant
à leurs perfectionnements, et se développent fata-
lement quant à leur simplicité naturelle, par l'unique synergie de l'intelligence individuelle et des
fonctions de l'appareil phonétique. Tous les individus d'une même famille parlent à perpétuité, et
pour ainsi dire mécaniquement, la même langue et
celle-ci présente, comme toutes celles de l'espèce
humaine, une prédominance constante de tel ou
tel ordre de voyelles ; mais alors pourquoi n'a-t-elle
point été guidée par les deux seules lois qu'elle s'était
donnée dans les différentes dénominations de l'Idiomologie des Animaux? Pourquoi, au lieu de prendre
pour former le verbe ou le nom de l'animal ou

son cri, comme radical pour en faire un mimologisme, a-t-elle été chercher on ne sait où une
troisième catégorie de dénominations qui ne peut
être rattachée ni au mimologisme, ni à l'onoma-
topée, ni même à la métonymie? C'est là un des
points les plus obscurs et les plus curieux de l'Idiomologie Humaine. Quoiqu'il en soit, cette faute
même, ainsi que l'emploi simultané de ces deux
méthodes, prouvent déjà quelle importance l'homme
accorda presque partout aux langages des animaux,
et combien, depuis la tour de Babel, leur étude
nous était dévenue difficile.

En effet, ces procédés différents prouvent beaucoup plus l'attention que l'homme accorda toujours
à l'Idiomologie nouvelle que l'usage constant de
sa haute raison. En refusant d'admettre l'importance, pour l'homme, de cette étude, quel intérêt
aurions-nous à fabriquer avec soin des noms, propres à désigner le langage des Animaux? Mais
nous le répétons, par une circonstance aussi bizarre
que singulière cette attention n'a pas eu, dans l'esprit de tous les hommes, les mêmes résultats, puisqu'il est constant que chaque peuple a différemment
nommé l'usage de la parole dans chaque famille
zoologique, et sous ce rapport, il faut bien convenir
que souvent il a poussé beaucoup trop loin l'amour
de l'analyse et de la dénomination. De ce nombre
sont les Romains dont la langue est excessivement
riche (1) sous ce rapport, et qui, chose qui me parait inexplicable, ne nous ont point transmis, s'ils

_____

(1) Cl. Duret, Histoire des Langues de cest univers, p. 1019
et seq.

l'avaient, le nom qui leur servait à désigner la parole du chat. Je ne saurais passer sous silence, que Lemaire a publié le texte (*Poetæ Latini min.*), que Charles Nodier a donné un excellent commentaire du poëme intitulé *Philomela* (1) qui, dans soixante-dix vers, réunit presque tous les mots de ce genre. Sous ce point de vue, il est par conséquent on ne peut plus important pour l'Histoire de la physiologie et de la philologie comparées. Ce poëme curieux n'a été traduit qu'une seule fois en français, encore par l'abbé de Marolles (2). Pour donner un échantillon du texte et de la traduction, nous allons citer le passage *d'Albus Ovidius Juventinus* qui se rapporte à l'objet de nos études :

> Cucurrire solet gallus, gallina gracillat,
> Pupillat pavo, trissat hirundo vaga
> Dum clangunt aquilæ, vultur pulpare probatur ;
> Et crocitat corvus, graculus at frigulat.
> Gloctorat immenso de turre ciconia rostro.
> Pessimus at passer tristia flendo pipit, etc.

Voilà des vers qu'un homme de goût ne traduira jamais en bon français, aussi l'infatigable et courageux abbé de Marolles les a-t-il rendus ainsi :

> Le Coq a nuit et jour son haut coqueliquais ;
> Cocodaste a la Poule et le Paon poupegais,
> L'Hirondelle trinsotte, et de l'aigre trompette,
> L'Aigle imite le son quand le Vaultour pulpette,

(1) In-8°, *Lutetiæ Parisiorum* 1829, p. 22.
(2) Recueil de diverses pièces d'Ovide et d'autres poëtes anciens, in-8°. Paris 1664, p. 29 et seq. — André Schott, *Observationum Humanarum*, lib. ii, c. 51.

Le noir Corbeau croasse et le Geai, gris et vert,
Frigulote au printemps, en automne, en hiver.
Le Passereau pipie en pleurant sa couvée,
Du sommet d'une tour la Cigogne élevée
Pousse d'un bec fort long sa glottorante voix, etc.

Au temps où le laborieux et fatigant écrivain traduisait ainsi, il lui était permis, sans doute, de franciser les dénominations latines plutôt que d'emprunter au peuple indigène le fruit de ses observations et de ses créations philologiques à ce sujet ; mais de bonne foi, qui de nous en connaît, en comprend quelques-unes ? Il ne s'arrête même point là, car tout aussitôt il nous apprend que la Mésange *tintine*, la Grive *gringotte*, l'Etourneau *pisote*, la Perdrix *caquate*, l'Oie *gratonne*, la Grue *gruine*, l'Épervier et l'Autour *piaillent*, le Milan *lippe*, la Pie *jase*, le Butor *bouffe*, le Tigre *rougnone*, le Léopard *miaule*, l'Ours *grommelle*, le Sanglier *roume*, l'Éléphant *barronne*, le Cerf *zée*, l'Onagre *brame*, le Grillet *grillote*, la Souris *chicote*, etc. Voilà des mots, la plupart du temps bizarres, qui ne sont point indigènes, mais qui du latin d'*Albinus Ovidius Juventinus*, n'ont jamais pu passer dans le français, malgré l'abbé de Marolles, ce qui n'a nullement empêché le servile troupeau des grammairiens français de répéter comme techniques tous ces mots barbares, créés ou métamorphosés du latin en français par le rocailleux abbé.

Les Grecs n'étaient point aussi riches que les Romains, sous ce point de vue ; porter la lumière et l'exactitude sur le très-petit nombre de mots qu'ils possédaient, serait un travail important qui ne serait point sans peine, sans labeur et sans gloire. Creuzer (Meletamata), Ducange, (V. *Baulare*), Yriarté, le tentèrent pour le grec et le latin ; mais, plutôt d'après les textes que d'après des autorités philologiques, aussi ne serions nous pas toujours d'accord avec eux. Selon notre habitude, nous avons moins consulté l'usage que l'origine des mots. Enfin, comme ce sujet n'entre que très-accessoirement dans notre plan, nous dirons tout simplement que pour toutes les langues un travail semblable est à faire et, comme il demande beaucoup de temps et beaucoup de soins, si on veut le faire comparatif et polyglotte, voici commment il faudrait l'exécuter.

TECHNOLOGIE

FRANÇAISE de		HÉBRAIQUE de		SANSCRITE de	
L'ANIMAL.	SA PAROLE.	L'ANIMAL.	SA PAROLE.	L'ANIMAL.	SA PAROLE.
1 Ane.	braire.	Chamor.	nahar.	»	»
2 Beuf.	beugler.	Schor.	ghahah.	»	»
3 Bouc.	»	Hez.	»	»	»
4 Brebis.	bêler.	Tson.	»	Avi.	avati.
5 Canard.	nasiller.	»	»	»	nâs.
6 Cerf.	bramer.	Ajjal.	»	»	»
7 Chat.	miauler.	»	»	Mârdjara.	mardj.
				Vidala.	vid , bid.
8 Cheval.	hennir.	Sus.	tsahal.	Açva.	rêch.
					hêch.
9 Chien.	aboyer.	Cheleb.	nabach.	Çoan.	»
				Bhachaka.	bhach.
10 Cochon.	grogner.	Chazir.	»	»	»
11 Corbeau.	croasser.	Horeb.	»	Kâka.	kard.
12 Crapaud.	coasser.	»	»	»	»
13 Éléphant.	bareter.	Pil.	»	Gadja.	gadj.
14 Léopard.	miauler.	Namer.	»	»	»
15 Lion.	rugir.	Labi.	schaagh.	Simha.	gard.
16 Loup.	hurler.	Zeeb.	»	»	»
17 Ours.	grommeler.	Doh.	anak.	»	»
18 Paon.	brailler.	Tuchi.	»	»	»
19 Perroquet.	crier.	»	»	»	»
20 Pie.	jacasser.	»	'»	»	»
21 Pigeon.	roucouler.	Jonah.	hamah.	»	kou.
22 Poule.	glousser.	Schechvé.	»	»	»
23 Poulets.	piauler.	»	»	»	»
24 Renard.	glapir.	Shuhal.	»	»	»
25 Taureau.	mugir.	Shor.	«	»	»
26 Tigre.	rauquer.	»	»	Vyâghra.	rt.

TECHNOLOGIE

CHINOISE de		ARABE de		ALLEMANDE de	
L'ANIMAL.	SA PAROLE.	L'ANIMAL.	SA PAROLE.	L'ANIMAL.	SA PAROLE.
1 »	»	Hemar.	nahac.	Esel.	yahnen.
2 »	meou.	Bacar.	naara.	Rind.	brüllen.
3 »	»	Tays.	»	Bock.	meckern.
4 »	»	Ganama.	mémé.	Schaaf.	bloerren.
5 »	»	Battb.	nas.	Ente.	schreien.
6 »	ming.	Ayel.	»	Hirsch.	»
7 »	»	Cotth.	naoua.	Katze.	miauen.
8 »	ssé.	Faras.	sahal.	Fferd.	wiehern.
9 »	feï.	Keleb.	nabah.	Hund.	bellen.
10 »	»	Khinsyr.,	ayat.	Schwein.	grunzen.
11 »	»	Gorab.	naac.	Rabe.	kraechzen.
12 »	»	Dhafdaa.	schakhar.	Kroete.	quaken.
13 »	ming.	Fyl.	»	Elephant.	schreien.
14 »	»	Nemor.	»	Leopard.	»
15 »	»	Assad.	zar.	Loewe.	brüllen.
16 »	»	Dzyb.	aoua.	Wolf.	heulen.
17 »	»	Dobb.	barbar.	Baer.	brummen.
18 »	»	Thaous.	»	Pfau.	kreischen.
19 »	»	Bebeghan.	»	Papagey.	plaudern.
20 »	»	Acac.	lahouac.	Aelster.	plaudern.
21 »	»	Hemam.	nàh.	Taube.	gurren.
22 »	»	Dadjadjé.	nacnac·	Henne.	gackern·
23 »	»	Farroukh.	kakay.	»	glucksen.
24 »	»	Tsalab.	saoua.	Fuchs.	klaeffen.
25 »	»	Tsaur.	naara.	Stier.	brüllen·
26 »	hao.	Nemer.	»	Tieger.	brüllen.

TECHNOLOGIE

GRECQUE de		LATINE de		ANGLAISE de	
L'ANIMAL.	SA PAROLE.	L'ANIMAL:	SA.PAROLE.	L'ANIMAL.	SA PAROLE.
1 Ονος.	ονκαομαι.	Asinus.	rudere.	Ass.	to bray.
2 Βους.	μυκαομαι.	Bos.	mugire.	Ox.	to low.
3 Τραγος.	βληχασθαι.	Hircus.	micere.	Goat.	to bleat.
4 Οις.	βληχαομαι.	Ovis.	balare.	Sheep.	to bleat.
5 Νηττα.	»	Anas.	tetrinire.	Duck.	to quack.
6 Ελαφος.	τριτζειν.	Cervus.	clocitare.	Hart.	to billow.
7 Αιλουρος.	λαρυγγιζειν.	Felis.	»	Cat.	to mew.
8 Ιππος.	χρεμετιζω.	Equus.	hinnire.	Horse.	to neigh.
9 Κυων.	κνυζαομαι.	Canis.	latrare.	Dog.	to bark.
10 Γρυλλος.	γρυλλιζω.	Sus.	grunnire.	Hog.	to grunt.
11 Κοραξ.	κρωζω.	Corvus.	crocare.	Raven.	to croak.
12 Μυοξος.	κρωγμω.	Bufo.	coaxare.	Toade.	to quack.
13 Ελεφας.	τριζειν.	Barrus.	barrire.	Éléphant.	»
14 Παρδαλις	λαρυγγιζειν.	Pardus.	felire.	Liopard.	»
15 Λεων.	βρυχωμαι.	Leo.	rugire.	Lion.	to roar.
16 Λυκος.	υλακτεω.	Lupus.	ululare.	Wolf.	to howl.
17 Αρκτος.	τρυζω.	Ursus.	gemere.	Bear.	to growl.
18 Ταων.	κραζειν.	Pavo.	pululare.	Peacock.	»
19 Ψιττακος.	στωμυλλω.	Psittacus.	loquere.	Parrot.	to chatter.
20 Κισσα.	βαβαζω.	Pica.	pippire.	Magpie.	to cheep.
21 Περιστερα	στεναζω.	Columba.	murmurare.	Dove.	to coo.
22 Αλεκτρυων	κακκαζειν.	Gallina.	gracillare.	Hen.	to cluck.
23 Πωλος.	πιπιζω.	Pullus.	pipare.	»	to pip.
24 Αλωπηξ.	ροιζεω.	Vulpis.	gannire.	Fox.	to yelp.
25 Ταυρος.	βρεμω.	Taurus.	mugire.	Bull.	to roar.
26 Τιγρις.	λαρυγγιζειν.	Tigris.	raucare.	Tiger.	»

Devant un tableau de ce genre, que sera-t-il permis de conclure ? Comment y a-t-il dans toutes les langues une différence totale entre la majeure partie des mots qui désignent le langage des animaux et leur propre nom? Les idiomes des familles zoologiques varient-ils selon les climats, selon les latitudes ? Chaque peuple saisit-il à sa manière les sons différents dont il est frappé, ou bien l'oreille humaine perçoit-elle différemment les sons, selon diverses circonstances accessoires, ou bien encore toutes les dénominations de la parole zoologique ne sont-elles point partout des mimologismes ou des onomatopées ou des métonymies ? C'est à quelques exceptions près ce qu'il me paraît convenable de conclure, sans toutefois pouvoir complètement l'affirmer, car ce serait décider alors qu'il est on ne peut plus facile d'écrire les paroles humaines.

Quoiqu'il en soit des règles multiples qui présidèrent à la dénomination des langues zoologiques, il est à remarquer qu'alors que la parole comparée, sans être identiquement la même, ou qui plus est quoique complètement différente quelquefois, n'en est pas moins fortement harmonieuse, accentuée, prosodiée, on ne les désigne plus du tout d'après les règles dont nous venons de parler. Alors, pourvu qu'elle soit majestueuse et douce comme le Portugais, sévère comme l'Espagnol, musicale comme l'Italien, ou même beaucoup mieux encore que tout cela, ces idiomes enchanteurs n'ont plus un nom spécial, comme dans l'Inde : on les confond sous l'expression générique de chant. Telles sont celles du Serin, de la Fauvette, du Rouge-Gorge, du Pinson, de l'Alouette, du Chardoneret, du Merle, du Rossignol, etc. (1) Langues ravissantes qui disparaissent pour ainsi dire sous l'enchantement et l'éclat de la parure et de la mélodie, comme les idiomes humains les plus suaves enveloppés de la musique de Rossini ou de Bellini, ainsi que l'a fait remarquer Daines Barrington (2) et que nous ne saurions jamais représenter un peu passablement que par le triple secours de l'écriture, de la musique, ainsi qu'on l'a tenté dans le Magasin Pittoresque, et ensuite d'un instrument harmonieux, comme l'a très bien vu Duhamel, dans son morceau de musique intitulé : le Chant du Rossignol ; nécessités dont ne se sont nullement doutés ni Dubartras, ni Gamon, ni Buffon, ni Dupont de Nemours, etc.

Je ne connais aucun écrivain sérieux qui ait pensé que les oiseaux chanteurs ne faisaient en quelque sorte que solfier, c'est-à-dire, que les sons sortis de leur gosier n'avaient tout simplement qu'une valeur musicale et nullement idéologique. Il n'y a point d'être au monde dans ce cas : toujours on chante sa peine ou son plaisir, mais on ne s'amuse jamais à chanter rien, aussi Buffon fait-il observer avec beaucoup

---

(1) Le Rossignol a eu son zoïle. L. S. Mercier a dit : Le Rossignol est un animal détestable, un musicien féroce, un mauvais faiseur de fausses notes qui, n'allant que par écarts, ne parcourt la gamme que pour y faire des sauts périlleux. Ne semble-t-il pas entendre un facteur de serinettes qui essaye ses tuyaux à tort et à travers, soufflant au hasard et rompant la mesure à tout propos? Ecoutez le saltimbanque, il joue des gobelets avec sa voix : c'est le versificateur des oiseaux.— Il est vrai qu'il trouvait l'Aigle de Meaux sans ame, sans vie et sans couleur.

(2) Expériences sur le Chant des Oiseaux, etc.

de justesse que les Hirondelles de cheminée (*Hirundo urbica*, Cuv.), outre les différentes inflexions de la voix qu'il décrit, ont encore le cri d'assemblée, celui du plaisir, de l'effroi, de la colère et enfin celui par lequel la mère avertit sa couvée des dangers qui la menacent, et beaucoup d'autres expressions composées de toutes celles-là. Il existe même aux Philippines un oiseau nommé par les indigènes Bizahi Koumbang (l'amant des fleurs), espèce de Rossignol qui, selon le peuple de ces contrées, à non seulement un chant mais encore un langage à part (1), comme l'homme. Ici, j'espère, les deux manières de parler sont parfaitement distinctes et démontrent qu'il en est des animaux comme de l'homme; qu'ils peuvent très-bien avoir la parole chantante et mériter dès-lors l'épithète de chanteurs, parce qu'ils parlent le plus ordinairement en chantant.

Jusqu'ici ce n'est jamais scientifiquement qu'ont été faites les diverses tentatives de transcription et d'orthographie de l'Idiomologie nouvelle, et je ne crois pouvoir excepter personne de cette proscription générale, commençant je ne sais où et finissant à nos jours. Il y a plus de deux siècles que Marco Bettini essaya une transcription du chant du Rossignol. Ne fût-ce que pour l'histoire de l'Idiomologie comparée, ou pour son perfectionnement futur, nous allons la reproduire :

> Tiouou, tiouou, tiouou, tiouou, tiouou,
> Zpe tiou zqua
> Quorrrror pipi
> Tio, tio, tio, tio, tix

---

(1) De Rienzi, l'Univers Pittoresque. Océanie, t. i, p. 291.

Quoutiò, quoutiò, quoutiò, quoutiò,
Zquò, zquò, zquò, zquò,
Zi, zi, zi, zi, zi, zi, zi, zi
Quorror tiou zqua pipiqui (1).

Ce même fragment du chant du Rossignol fut répété par le comte Emmanuel Tesauro qui, dans son admiration ignorante pour la tentative du Jésuite Bettini, s'écrie : *Incerto*, *non il Rusignuolo sia divenuto poëta o il poëta un Rusignuolo* (2).

Étienne Pasquier tenta d'écrire aussi quelques mots de l'idiome du Rossignol, mais il fut moins heureux que le jésuite italien. C'est dans une épître amoureuse qu'il inséra les mots qu'il crut avoir saisi *au passage*. En parlant du roi des chanteurs ailés, il dit :

Il me caresse tantost
D'un tu tu, puis aussitost
Un tot tot il me bégaye (3).

Puis il joue avec aussi peu d'esprit que de grâce sur l'Homophonie de ces paroles incomprises avec quelques unes de notre propre langue.

Jean Mathieu Bechstein (4), naturaliste allemand, mort au commencement de ce siècle, s'occupa de cette même question d'une manière si satisfaisante, sous quelques rapports, que nous éprouvons vive-

(1) *Ruben, Hilarotragedia Satiro pastorale*, in-4°. Parme 1614.

(2) *Il Cannochiale Aristotelico, o sia idea dell'arguta et ingeniosa elocutione, etc., quarta impressione*, in-8°. *Roma* 1664, p. 200 et 201.

(3) Recherches sur la France, in-fol. Paris 1665, p. 625.

(4) Gemeinnützige Naturgeschichte Deutschlands nach allen drey, Reichen, 2 vol. in-8°. Leipzig 1789.

ment le regret de voir qu'il était complètement privé
de toute connaissance en linguistique et en philologie.
Ce chasseur instruit, qui avait fait une étude particulière des mœurs et du langage des oiseaux, eut le
talent et la patience de noter et d'écrire une suite
de ces éclatantes tirades, et M. Nodier, étonné aussi
d'un pareil succès, n'a pu s'empêcher de dire à ce
sujet : Rien n'égale dans la langue factice de l'imitation, le tour de force extraordinaire du savant orni-
thologiste allemand Bechstein qui est parvenu à exprimer assez heureusement, avec les signes usuels
de notre langue parlée, toutes les modulations de
la voix du Rossignol.

Mon savant ami Renier Chalon de Bruxelles, a
jugé le travail de Bechstein digne d'être réimprimé
séparément, et il en a publié une magnifique édi-
tion, en une page in-folio, sous le titre de : Chant
du Rossignol, à Mons, chez Jevenois 1840. Voici maintenant le morceau de musique dont le savant naturaliste a transcrit seulement les paroles :

Tiouou, tiouou, tiouou, tiouou,

Shpe tiou tokoua;

Tio, tio, tio, tio,

Kououtio, kououtiou, kououtiou, kououtiou :

Tskouo, tskouo, tskouo, tskouo,

Tsii, tsii, tsii, tsii, tsii, tsii, tsii, tsii, tsii, tsii, tsii,

Kouorror, tiou, tskoua, pipitksouis,

Tso, tso, tso, tso, tso, tso, tso, tso, tso, tso, tso, tso, tsirrhading !

Tsi si si tosi si si si si si si si

Tsorre tsorre tsorre tsorrehi;

Tsatn tsatn tsatn tsatn tsatn tsatn tsatn tsi

Dlo dlo dlo dla dlo dlo dlo dlo dlo

Kouiou, trrrrrrrritzt,

Lu lu lu ly ly ly li li li li

Kouio didl li loulyli.

Ha guour guour koui kouio!

Kouio kououi kououi kououi koui koui koui koui ghi ghi ghi ;

Gholl gholl gholl gholl ghia hududoi.

Koui koui horr na dia dia dillhi!

Hets hets hets hets hets hets hets hets hets hets hets hets
hets hets hets

Touarrho hostchoi ;

Kouia kouia kouia kouia kouia kouia kouia kouiati ;

Koui koui koui io io io io io io io koui

Lu lyle lolo didi io kouia.

Higuai guai guay guai guai guai guai guai kouior tsio tsiopi.

Pour accorder à Bechstein les éloges si hono-
rables que lui ont donné MM. Nodier et Chalon, il
faudrait admettre que cette transcription est parfaitement exacte, or, pour faire une pareille supposition je n'invoquerai point la nécessité du contrôle
ou de la vérification, mais je me bornerai à demander s'il est possible 1° qu'un morceau de cette
longueur soit bien entendu et bien écrit sous le
chant rapide du Rossignol; 2° si le Rossignol répète
souvent et très-exactement les chants qu'il impro-
vise ? or, comme on ne peut répondre que négati-
vement à ces deux questions , j'en conclus qu'il faut
au moins suspendre ou retenir une bonne partie de
nos éloges.

Dupont de Nemours, soumis aux mêmes difficultés , essaya également la transcription sui-
vante :

Ti-ô-ou, ti-ô-ou, ti-ô-ou ,

Spe tiou z'cou-à

Cou-orror pipi ,

Ti-ô , ti-o, tio, coui ciò !

Ziou-ô, zcou-ô, z'cou-ô,
  T'si t'si t'si,
 Curror tiou ! z'quouà-pipi, coui ! (1).

Je me garderai bien de reproduire aussi la traduction voltairienne, ou plutôt la supposition toute
gratuite qu'il en fit, puisqu'il est plus que certain
qu'il ignorait la langue rossignole. Je me contenterai
de faire remarquer seulement, en ne tenant même
point compte des différences d'orthographe, que la
langue des Rossignols doit être extrêmement riche
si elle possède autant de mots distincts que nous
en voyons dans ces différentes romances, car Bettini, Pasquier, Bechstein et Dupont de Nemours
ne se rencontrent qu'extrêmement rarement dans
les sons divers qu'ils ont cru saisir et transcrire : que
n'ayant eu en vue que la transcription d'un Idiome
qu'ils ignoraient complètement et qu'ils saisissaient
bien ou mal dans une très-rapide élocution, cette
transcription, qu'ils n'ont pas pu vérifier, est inévitablement fautive et devrait être considérée comme
non avenue ; que la ponctuation est aussi arbitraire
que l'orthographe , la composition des mots et leur
disposition métrique ; que les travaux de ce genre
ne sauraient jamais être d'aucun secours pour
l'Idiomologie ni pour la philologie comparées, etc.

En effet, il ne faut jamais perdre de vue, dans les
recherches de ce genre, qu'il en est de l'Idiomologie
nouvelle comme de la paléographie des langues
antiques qui cessent d'être clairement et constamment intelligibles dès le moment que la ponctuation

(1) Souvenirs de la marquise de Crequy, in-8°. Paris 1840 ,
t. VI, p. 222, 223.

n'est point intelligente et que les mots, au lieu d'être
espacés, forment entre eux une suite non interompue
de lettres. Nul doute, par exemple, que si les vers
qui ouvrent le *Pœnulus* de Plaute n'étaient point
dans ce cas qu'ils seraient traduits depuis long-temps,
ainsi que tous ces passages nombreux d'Aristophane
dans lesquels il fait parler les Animaux, si l'Idiomologie Zoologique avait été étudiée. Les traducteurs de
ce comique illustre, au lieu de répéter textuellement
les phrases en Idiomes Zoologiques, auraient tenté de
les traduire. Il en est exactement de même dans le
langage des Animaux et surtout des oiseaux, dans
lequel nous ne pouvons connaître où commence ni
où finit positivement tel ou tel mot. Si l'on en veut
la preuve on n'a qu'a tenter d'écrire un morceau
chanté dans une langue qu'on ignore. On sent dès
lors quelles barrières, pour ainsi dire insurmontables, élèvent d'insurmontables difficultés dont l'Idiomologie est d'ailleurs hérissée à chaque pas, et puis
enfin en est-il des Animaux comme des hommes qui
très-souvent représentent les idées les plus disnara-
tes, les plus éloignées par les mêmes radicaux ? En
Aymara, par exemple :

Huara-tha, signifie de l'eau, et
Huara-huara, veut dire *étoile*.
Huara-ritha. . . . . *crier*.
Chaca-tha. . . . . . *se perdre*.
Chaca-y-tha. . . . . *perdre*.

Souvent aussi la plus légère différence phonétique,
la plus insaisissable, donne au même mot un sens
opposé ou différent ; ainsi en Aymara, *sanou-s-tha*
veut dire se peigner et *sanou-tha* peigner un autre ;

etc. Ces nuances se rencontrent dans tous les Idiomes humains et doivent nécessairement se trouver aussi dans les Idiomes Zoologiques.

Maintenant que l'on prononce avec la volubilité du Rossignol et de tous les oiseaux chanteurs, ou bien que l'on écoute avec une attention insuffisante, et c'est extrêmement facile, on ne prononce plus ni les voyelles, ni les consonnes caratéristiques rapides, d'où dépend toute la valeur idéologique du mot. C'est d'autant plus naturel que très-souvent aussi ces lettres, le plus ordinairement intercalaires, sont réellement sans valeur idéologique. C'est en quelque sorte l'umlaut des grammairiens Allemands, et elles se confondent toujours, dans tous les cas, avec les lettres purement euphoniques, si communes dans tous les Idiomes. Ainsi en Aymara, puisque nous avons déjà pris cet Idiome pour exemple, *yaca-tha* et *yaca-r-tha* veulent également dire uriner, etc. Aussi est-il complètement vrai que, comme l'a très-bien vu Dupont de Nemours, c'est une erreur de croire que les oiseaux répètent toujours le même son. Cet écrivain assure que l'Idiome-Corbeau, par exemple, ne comprend pas moins de vingt-cinq mots différents, que voici :

Cra, cre, cro, cron, cronon.
Grass, gress, gross, gronss, grononess.
Crae, crea, crac, crona, groness.
Crao, creo, croe, crone, gronass.
Craon, creo, croo, crono, gronoss.

Aussi ajoute-t-il, avec non moins de raison : Si nous pensons qu'avec nos dix chiffres arabes qui sont dix lettres, dix mots, en les combinant deux à deux, trois à trois, quatre à quatre, on forme les chiffres diplomatiques de 100, de 1000, de 10,000 caractères et que si on les combinait de cinq à cinq on en ferait un chiffre de cent mille caractères, ou de plus de mots que n'en a aucune langue, on aura moins de peine à comprendre que les Corbeaux puissent se communiquer leurs idées. Leurs vingt-cinq mots suffisent bien pour exprimer : *Là, ici, droite, gauche, en avant, halte, palurez, garde à vous, l'homme armé, froid, chaud, partir, je t'aime, moi de même, un nid*, etc. et une dixaine d'autres avis qu'ils ont à se donner selon leurs besoins.

Les tentatives informes qu'Etienne Pasquier a faite sur la glossologie zoologique, quant aux paroles chantées du Rossignol, furent renouvellées aussi par trois illustres poëtes du XVIᵉ siècle, à propos de l'Alouette. Je demande pardon au lecteur de les mettre dans la confidence de semblables barbaries, comme poésie et comme philologie, parce qu'elles auront au moins cela de bon que l'on fera tout ce que l'on pourra pour ne point les imiter :

> Elle, guindée du Zéphire,
> Sublime, en l'air vire et revire
> Et y décligne un joli cri
> Qui rit, guerit et tire l'ire,
> Des esprits mieux que je n'écri.
>
> RONSARD.

> La gentille alouette avec son tire-lire
> Tire l'ire à l'iré et tire-lirant tire
> Vers la voute du Ciel, puis son vol vers ce lieu,
> Vire et désire dire à Dieu Dieu, à Dieu Dieu.
>
> DU BARTAS.

L'Alouette en chantant veut au zéphire rire
Lui crie vie vie et vient redire à l'ire,
O ire ! fuy, fuy, quitte, quitte ce lieu
Et vite, vîte, vîte adieu, adieu, adieu !

GAMON.

Descendrons-nous plus bas dans l'échelle des êtres ? nous arrêterons-nous là ? Non puisque l'Eternel a jeté ses trésors beaucoup plus loin, mais après avoir commencé par accorder notre attention aux animaux les plus parfaits, bornons-nous à dire, pour le moment, qu'Aristophane n'hésita point à mettre en scène des animaux parlant leur idiome ; de même que plus tard Plaute offrit aux Romains un Carthaginois parlant le Punique, écart philologique admis par Molière, Goldoni, etc. Ce sont les Grenouilles, par exemple, qui ouvrent le chœur de la scène V du premier acte, après avoir dit Ω ατ ατ, ω ατ ατ. Dans la Scène précédente, les Grenouilles disent :

βρεχεχεχεξ χοαξ χοαξ
βρεχεχεχεξ χοαξ χοαξ

M. Artaud, Inspecteur-Général de l'Université, auquel nous devons une traduction aussi fidèle qu'élégante d'Aristophane, s'est borné à reproduire textuellement ces paroles de l'Idiome-Grenouille. C'est également là ce que fit Jean-Baptiste Rousseau, dans son allégorie intitulée : *la Grenouille et le Rossignol.*

L'animal aquatique,
Du fond de son petit thorax,
Leur chantait pour toute musique,
Brequequequex keyx coax.

Quoiqu'il en soit, il est évident qu'on ne peut

aujourd'hui se refuser d'admettre, dès-à-présent, que toutes les consonnes que l'on peut rencontrer dans l'idiomologie humaine ne se retrouvent aussi dans l'Idiomologie nouvelle. Partant de là, comment se fait-il donc que l'abbé Mousseau n'ait pas dit un mot de cette question, dans son *Alphabet Raisonné*? Il ne s'est pas même douté qu'elle pût être posée.

L'on voit qu'en admettant, comme des résultats philologiques digne de foi, de semblables folies il faudrait nécessairement en conclure, si l'Idiomologie Zoologique doit avoir plus d'un point de contact avec l'idiomologie humaine, que la langue française, créée du XIIIe au XIVe siècle à l'aide des dialectes ou patois indigènes, existait avant la tour de Babel. Mais rassurons-nous ; philologiquement parlant, ceci est moins que rien, et Pasquier, Ronsard, Du Bartas, Gamon, etc., ne méritaient même pas l'honneur d'être cités. Ils n'ont écouté que le mauvais goût de leur siècle en se livrant à une espèce de jeux de mots, de concetti, bien fades, bien niais, roulant uniquement sur les hasards de l'isophonie, c'est-à-dire sur la ressemblance accidentelle et sans aucune valeur de quelques mots des langues zoologiques avec quelques autres des langues de l'espèce humaine.

Enfin, quoique le grand Buffon n'ait pas dédaigné de transcrire la chanson de l'Hirondelle de cheminée, il n'en est pas moins vrai que tous les travaux de ce genre ont été exécutés en aveugle, en sorte que les familles zoologiques étudiées philologiquement, ne sont guères plus avancées que celles pour lesquelles de semblables travaux sont encore à commencer. En effet, à part les notes peu dignes d'attention de Dupont de Nemours, nous n'avons rien sur ce sujet. Cet homme du monde a dit que le Chien n'employait que des voyelles et quelquefois, mais seulement dans la colère, les consonnes G, Z., ce qui donne un démenti formel aux mimologismes de la majeure partie des nations, ayant un mot pour désigner l'action de la parole du Chien. Selon lui, le Chat emploie les mêmes voyelles que le Chien, et de plus, les consonnes M, N, B, R, V, F; mais il ne donne absolument aucun des mots du Vocabulaire-chien ou du Vocabulaire-chat qui puissent appuyer ses énonciations.

Si tout cela est vrai, et je n'en doute pas, il en résulte que nous savons encore beaucoup moins que nous ne le pensions sur la Physiologie de l'Alphabet et que nous devons vivement regretter que les grammairiens antiques et modernes n'aient point éclairé leurs travaux par ces connaissances préliminaires, et surtout par l'Idiomologie comparée. Ils n'auraient pas d'abord constitué des groupes de sons organiques puisqu'ils auraient été bientôt convaincus que la plupart des organes désignés, comme concourrant à l'articulation de ces lettres, manquent dans la majeure partie des animaux, qui la possèdent pourtant dans l'ensemble de leur alphabétisme, ainsi que l'attestent les verbes mimologiques faits chez tous les peuples pour désigner le parler de certaines tribus zoologiques.

On sent que nous avons dû méditer longtemps sur quelques parcelles d'un grand nombre d'idiomes des familles zoologiques, et c'est précisément parce que

notre observation en embrassa trop que nous
n'avons presque rien sur chacune d'elles, et qu'il
nous est tout-à-fait impossible de pouvoir nous hasarder aujourd'hui à publier le Vocabulaire d'une
ou de deux familles zoologiques. Et puis enfin, nous
l'avouerons sans peine, si Mélampe, fils d'Amythaon,
si Tyresias, si Appollon de Thyanes, si Démocrite, etc.
pouvaient à bon droit se croire très-forts en glossologie comparée, s'ils disaient la vérité en se vantant de
comprendre le langage des oiseaux et des mammifères, nous avons le regret, nous, de ne pouvoir en
dire autant.

Occupé des principes généraux de l'Idiomologie
nouvelle, nous ne saurions, sans risquer d'ajouter
aussi quelques erreurs à celles qui n'existent déjà
qu'en trop grand nombre, descendre jusqu'à tenter
de donner un Vocabulaire particulier et complet.
Pourtant nous désirerions vivement pouvoir exposer
un spécimen comme exemple, comme essai à suivre
ou à éviter, et sous ce point de vue, nous ne sommes même point arrêté par l'embarras du choix.
En effet, dire ce que tout le monde peut aisément
constater, est bien un moyen d'être approuvé, mais
c'est aussi celui d'enlever à chacun un mérite facile.
D'un autre côté, prendre pour sujet de ses observations philologiques ou glossologiques une famille
zoologique exotique et rare, c'est échapper au
contrôle sans doute, mais aussi c'est donner ce
qu'il n'est point facile d'obtenir ou de trouver chaque jour.

Partant de nos données anatomiques, qui n'ont
absolument rien de commun avec le travail tout-à-

fait empirique réclamé par l'Idiomologie Zoologique, il faudrait que divers observateurs entreprissent à la fois un Vocabulaire-Wistiti. Il est évident que sans cette synergie d'observation, je ne croirai jamais qu'il soit prudent d'affirmer que l'on connaît toutes les expressions constituant réellement l'idiome d'une famille zoologique quelconque, lorsque l'on n'a pas eu des occasions multipliées d'écouter la parole de l'animal, plusieurs fois répétée dans toutes les circonstances pathétiques de sa vie.

En effet, comment donner les expressions de la frayeur ou de la terreur, lorsque l'animal est complètement apprivoisé? Comment écrire celles de l'amitié, lorsque l'animal n'aime que d'amour? Comment connaître celles si déchirantes que la femelle exhale lorsqu'elle perd son mâle par la mort, ou lorsqu'on le lui ravit alors qu'il n'est plus qu'un cadavre? C'est dans ce cas que l'on pourrait concevoir quelle différence de ton et d'expression il y a entre la parole d'appel de l'amour, et celle qui suit tout naturellement une pareille calamité. Sans doute : *viens, viens.* ou l'expression équivalente, reste la même, mais qu'on le dise avec amour ou bien avec désespoir et l'on verra quelle force différente le pathétisme donne aux mêmes expressions. C'est là aussi ce qui arrive pour les mêmes mots prononcés dans des situations pathétiques différentes, et puis ajoutez à tout cela que les animaux parlent extrêmement peu en esclavage et qu'il n'y a que, je ne dis pas la domesticité mais la plus intime familiarité qui puisse fournir à chaque instant la prononciation de mots nouveaux.

Une fois ce travail fait et refait, corrigé et recor-
rigé, il serait éminement curieux de comparer
aussi ces résultats avec ceux que donnerait l'étude
plus réfléchie, plus sérieuse et tout aussi difficile
des familles humaines à l'état de sauvagerie absolue.
Mais il n'est pas permis malheureusement d'a-
jouter quelque confiance aux nombreux Vocabulaires de ce genre que nous possédons. Tels qu'ils
sont, il est déjà permis d'espérer qu'on y trouverait
une beaucoup plus grande affinité qu'on ne se croi-
rait en droit de le supposer *à priori*.

Je ne veux pas seulement dire par là que le langage des animaux doit nécessairement avoir eu une
très-grande influence sur celui des premiers hommes, des premières sociétés des peuples pasteurs ou
chasseurs, mais encore que puisqu'ils s'entendaient
parfaitement, il faut bien nécessairement retrouver,
chez les uns et les autres, des sons identiques profondément altérés sans doute par la succession des
âges, comme tous ceux de l'humanité, quoiqu'ayant
conservé la même valeur idéologique, altérations
qu'il ne faut point du tout s'attendre à rencontrer
chez les animaux qui n'ont subi, depuis la création
jusqu'à nos jours, aucune révolution ni phonétique,
ni idiomologique, ni philologique. Toutes ces altérations, qu'il sera très-facile de constater, ne dépendent jamais, pour les mots, que des circonstances
anatomiques et physiologiques, variant de famille à
famille et ensuite des révolutions phonétiques auxquelles toutes les langues humaines sont sujettes depuis l'événement de la Tour de Babel.

Je ne veux pas dire non plus que les Idiomes des

Animaux aient subi de grandes révolutions, comme cela est arrivé aux langues auliques, ou même à celles du peuple. Bien plus encore que ces dernières, ils sont au contraire restés les mêmes, ou plutôt ils ont beaucoup moins varié encore que les idiomes populaires dont l'étude est si mal-à-propos négligée par les philologues.

Plus tard, je l'espère du moins, puisque cela ne dépend que de Dieu et de moi, je pourrai m'élever à un travail de philologie comparée pour savoir définitivement s'il n'y a pas une extraordinaire analogie entre les hommes et les animaux dans les fonctions physiologiques ou normales de l'appareil phonético-auditif, selon les régions topographiques de leur commun séjour ; c'est-à-dire, si les fonctions de l'ouie et de la voix ne sont pas influencées de la même manière, avec la même puissance, par des causes inappréciables que l'on peut supposer être le climat peut-être, à tel point que l'on retrouve dans le timbre de la voix, dans la prépondérance de telle ou telle consonne, une similitude presqu'exacte, ce qui tendrait à ne pas faire rechercher les analogies philologiques des langues comparées du Nouveau-Monde dans les patois ou bien même dans les langues auliques de l'Ancien-Monde, mais bien plutôt dans les idiomes des tribus les plus immédiatement en contact avec les mêmes animaux dont on étudie l'idiome. Si, en un mot, l'idiome de telle tribu sauvage n'est pas en rapport avec celui de telle famille zoologique plutôt qu'avec telle autre. De cette manière ne pourrait-on pas espérer que l'Idiomologie nouvelle pourrait contribuer un jour à la solution du long problème de

la langue primitive, tour-à-tour accordé à l'Hébreu,
au Sanscrit, au Basque et voire même au Flamand?
On devra chercher enfin, quoique ce soit beaucoup
moins important, si certaines familles d'animaux ne
sont pas aussi supérieures, phonétiquement, à quelques familles humaines qu'elles le sont très-souvent
aussi par l'esprit, par l'intelligence, par la ruse, par
l'adresse, par la vélocité, par le chant, etc. Quant
à présent j'avoue que j'aurais de la peine à croire
que les Hottentots, les Papous, les Kamchakdales,
les naturels de la terre de Van-Diémen, ou bien les
sauvages de la Nouvelle-Hollande ne soient point
réellement inférieurs en intelligence, en sensibilité,
et par conséquent en phonétisation des idées, à certains oiseaux, à certains chevaux, à certains singes, etc.

On a sans doute été frappé de tout ce que nous
avons dit plus haut sur l'imperfection de l'alphabétisme général, ainsi que sur l'impossibilité où l'on
est quelquefois de bien analyser un son quelconque,
alors même qu'il est lentement, clairement et fréquemment répété, alors même que l'on peut le reproduire, l'entendre et le contrôler mille fois de
suite. On a du penser que je devais nécessairement
être un de ceux qui ont le plus vivement regretté
l'imperfection, l'inattention, la légèreté même,
avec lesquelles l'on procéda à la rédaction de tous
les Vocabulaires humains, et voilà précisément qu'au
moment où je me trouve exposé à la même épreuve,
je me sens dans la même impuissance, dans la même
impossibilité; mais comme l'amour-propre trouve
toujours ses consolations en lui-même, je me dis

qu'il est on ne peut plus naturel qu'un alphabétisme exclusivement conçu pour quelques idiomes
humains privilégiés, appartenant à la même famille
philologique, et on ne peut plus mauvais d'ailleurs
ne puisse jamais parvenir à rendre, d'une manière
approximative et passable, des paroles qui, en général, conservent extrêmement peu d'analogie avec
les nôtres et qui diffèrent entre elles comme chez
l'homme, dès que ce n'est plus le même appareil
vocal qui les émet, ni les mêmes régions qui les
voient éclore.

Je ne pense pourtant point que notre alphabétisme si incomplet, si insuffisant même pour l'homme
cultivé, lui qui fit tous ces systèmes graphiques, ne
puissent point, en partie du moins, remplir encore mon
but. Je crois bien que le signe qui manquerait à une
nation pour représenter tel ou tel son, se trouverait
peut-être bien chez une autre. Ainsi il est évident,
par exemple, que le grammarchive ou Irofa des
Japonais, avec ses quarante-sept caractères et
quelques signes pour représenter les sons employés,
ou mieux encore les quatre-vingt-cinq caractères
Cherokees, viendraient en aide aux vingt lettres du
nôtre ; malgré cela, je n'hésite point à déclarer que
l'alphabétisme humain est encore mille fois plus
imparfait que d'ordinaire lorsqu'on veut en faire
un moyen de pasigraphie pour l'Idiomologie des
Animaux. L'employer à cet usage, c'est faire de ce
détestable alphabétisme une espèce de pasigraphie
bâtarde, plus ridicule encore que toutes celles pro-
posées jusqu'à ce jour, et ce n'est pas peu dire,
aussi n'en citerons nous ici qu'un très-petit nombre

d'exemples, afin d'en démontrer toute la difficulté.
En thèse générale, si depuis la tour de Babel la pasi-
logie est une véritable folie , la pasigraphie en est
bien le pendant.

Mais après tout, comme nous n'avons pas d'autres
moyens graphiques il faut bien l'employer , tout en
prévenant des imperfections inévitables et naturelles
d'un pareil procédé. Il faut pourtant être juste ,
même envers l'alphabétisme et reconnaître que dans
cette circonstance il a un avantage incontestable,
celui de pouvoir donner instantanément, à tout le
monde, une idée exactement approximative de la glossologie de l'Idiomologie Zoologique. Ainsi la majeure
partie des erreurs ou des fautes que pourraient
présenter les épineuses recherches de ce genre ne
devront guères être reprochées ni à l'inattention ,
ni à l'absence de finesse ou de délicatesse de l'appareil auditif, ni à l'impossibilité absolue de saisir les
différents sons , mais je le répète , plutôt à l'insuf-
fisance, à l'incapacité de nos signes alphabétiques.
N'avons-nous pas vu en effet que Rondelet et Dugès
proposèrent quatre orthographes différentes de ce
qu'ils regardaient comme un seul et même mot ? S'il
en est ainsi, dans cette circonstance, qu'amènera-t-il
donc lorsqu'il s'agira de transcrire les mots iso-
phones à valeur idéologique différente, qui ne varient
souvent entre eux que par des inflexions à peine
sensibles aux oreilles les plus délicates et les plus
instruites ? C'est là une des raisons qui doivent en-
gager les vocabulistes à ne point trop se hâter de
donner une valeur absolue à un son quelconque et
à ne considérer comme définitivement bien écrit que

les mots bien entendus et même à plusieurs re-
prises.

Que M. Jourdan ait tort ou raison de vouloir baser
une classification zoologique sur l'Anatomie et la
Psycologie, c'est-à-dire sur tout ce que l'on ne peut
constater à première vue et surtout alors que l'une
est à faire, à créer, et que l'autre exige, non pas seulement la mort mais encore la dissection du sujet
avant de pouvoir lui donner un nom ; peu importe que les jolis petits singes siffleurs aient ou non
des circonvolutions cérébrales, comme le prétend
M. Leuret et comme le nie avec raison M. I. Geoffroy St-
Hilaire ; il n'en est pas moins vrai qu'étant privés des
sacs épiglottiques que possède le Singe-Vert et qui
sont encore plus grands chez les Mandrills, ils doivent
toujours avoir un idiome en rapport avec leurs besoins, leurs passions et leur appareil vocal. Sur un
point anatomique important il diffère de l'Allouatte
ou Sapajou hurleur, dont le corps de l'hyoïde se
développe en une énorme ampoule osseuse qui ressemble à un goëtre submaxillaire, interbronchique,
et en communication avec les ventricules laryngiens
prolongés en un canal passant dans l'échancrure d'un
large thyroïde (Camper, Vicq d'Azyr, Cuvier, Carus,
etc.), aussi ce petit et doux animal, qui est également
moins civilisable qu'on ne l'a dit, ne peut-il donner
des sons graves de même que l'Orang-Houtang. Mais
puisque nous avons tant parlé de ce quadrumane
si rare en Europe, choisissons-le pour le sujet de
l'exemple que nous voulions donner ici des recherches
glossologiques à faire, et dont nous avons démontré
toute la difficulté, toute l'importance et toute
l'utilité.

Ainsi, par exemple, lorsque vous aurez écrit que l'Idiome du Wistiti commun, (*Hapale*, Jliger : *Arctopithecus*, Geoffroy), est extrêment riche; lorsque vous aurez donné tout son Vocabulaire, vous aurez à peine commencé le travail; car j'ignore même si, ce qui n'est point probable, tous les callitriches de cette famille intéressante n'ont qu'un seul et même idiome.

<hr>

GLOSSAIRE-OUISTITI.

—

Gʜʀɪ̂ɪ̂. — Venir. En donnant une idée de la composition alphabétique de ce mot et de sa valeur réelle, on ne reçoit point une idée de la parole telle que l'animal la prononce et c'est là en quelque sorte la vie d'un mot. C'est si vrai que nous ne savons pas trop ce que diraient Homère et Virgile si, par malheur pour eux et pour nous, ils entendaient appliquer notre propre prononciation à leur magnifique idiome et le défigurer ainsi de la manière la plus barbare. Croit-on que Pindare ou qu'Horace ne s'indigneraient point d'entendre leur poésie admirable déclamée par nos savants Allemands, Anglais ou Français? Si je ne puis bien noter, bien rendre l'articulation, l'accentuation, la prosodie pathétiques de chacun des mots que je vais choisir pour exemple, je suis sûr du moins que leur orthographe phonétique est rigourèusement exacte, car je les choisis parmi ceux que j'ai entendus un nombre considérable de fois. Pour arriver à ce résultat il faut encore ajouter quant au son, qu'il est surlaryn-gien, tremblottant, aigu, grasseyant, et faible, fort ou prolongé, selon que la demande exprime un désir pressé, un ordre impérieux, une prière tendre, ou un appel désespéré, qui ne saurait être écouté ni exaucé.

GUENOKIKI. — Frayeur terrible : cri d'alarme qui équivaut à fuir, à craindre fortement, redouter. — La prononciation de la première syllabe est forte-ment gutturo-nasale. — Si maintenant nous voulions tenter quelques rapprochements philologiques entre la glossologie des Animaux et la glossologie humaine, ne pourrions-nous pas raisonnablement supposer que cette expression a la plus grande analogie avec celle de *N'gischiqui*, par laquelle les Schawanos, peuplade sauvage de l'Amérique, désignent, d'après Heckewelder, l'action *d'éclairer* quelqu'un sur sa position, et, comme dans certaines sociétés améri-caines le grand surveillant se nomme *Wiskinki*, ne serait-ce pas aussi dans le radical de ce mot, apparte-nant aux deux Idiomologies, qu'aurait été pris le nom même du Wistiti, qui ne porte au Paraguai que le nom de Titi ? (1)

IROUAHHI. — Douleur violente et morale allant jusqu'au désespoir. — Prononciation gutturo-nasale.

IROUAH-GNO. — J'ai une douleur morale affreuse, sauvez-moi, épargnez-la moi. — Prononciation gut-turo-nasale très-prononcée.

KRRRREOEOEO. — Être heureux, jouir d'un bonheur

(1) Peut être encore Ouis ou Wik, ou bien Ouik est-il un mimologisme emprunté à l'idiome de ce galeopithèque.

profond, accompli; prononciation surlaryngienne
aiguë quoique faible, tremblottante, et grasseyant.
Cette exclamation, ou ce substantif verbal, est également répété plusieurs fois de suite et d'autant plus
fortement que la joie qui la fait pousser est plus vive
et plus grande.

Kéh. — Être un peu mieux, souffrir moins. —
Prononciation gutturale.

Kouic. — Être contrarié, être vexé, être gêné. —
Accentuation d'autant plus brève ; longue ou prosodiée que le pathétisme a plus ou moins d'intensité,
comme d'habitude.

Ococo. — Terreur profonde. — Prononciation na-
zale clappante.

Ouik. — Protection, secours, — faiblement et
mélodieusement. — Ce mot ressemble aussi, quant
à sa physionomie, à une expression de l'Idiome des
Schawanos, celui de toutes les tribus sauvages de l'A-
mérique qui ressemble le plus à la langue du Wistiti,
si toutefois l'idiome presque monosyllabique et sans
formes grammaticales des Othomis, si analogue
dès lors au Chinois, ne lui ressemble pas davantage.

Quih. — Il me manque quelque chose que je désire
vivement, que je demande. — Prononciation aspirée
et nasale.

Quouéée. — Souffrir avec désespoir de ce qu'on
ne peut échapper à une douleur physique ou morale. — Prononciation gutturo-nasale.

Sifflet. — Aigu, perçant, long, uniforme, répété
deux et même trois fois. — S'ennuyer, désirer le
boire, le manger, le soleil, le plaisir, etc. — Articulation surlaryngiennne.

D'après la signification extrêmement étendue de

ces exemples, empruntés au Glossaire d'un mammifère charmant de l'Amérique, ne pourrait-on pas se
demander, si de même que dans les nombreux
idiomes des sauvages de l'Amérique, ceux des animaux de cette contrée ne réunissent pas un
très-grand nombre d'idées sous la forme d'un seul
mot ? C'est à la solution affirmative de cette proposition que nous conduit du moins l'unique tentative faite jusqu'à ce jour. Peut-être que celles es-
pérées par nous, où que nous chercherons encore à pouvoir faire, confirmeront cette indication
vraiment extraordinaire. Est-ce que tous les animaux, depuis le Groënland jusqu'au Chili, auraient
leurs langues ainsi formées? Ensuite une autre observation, probablement spéciale à l'Idiome-Ouistiti,
doit nous frapper encore : comment se fait-il en
effet que sur les onze mots pris au hasard, sept commencent par l'articulation que représente le G ou le
K? C'est assez inexplicable sans doute, mais le même
fait se présente également chez les Iroquois et à un
tel point que Zeisberger avoue qu'il s'est très-souvent servi de G parce que son imprimeur n'avait
pas assez de K. Ceci prouve en outre, ce me semble,
que cet écrivain était Allemand, puisqu'il paraît confondre la valeur phonétique de ces deux lettres. Ce
qu'il y a de certain c'est que cette confusion serait
impossible dans le cas qui nous occupe. Enfin une
autre observation qui ressort de ce fragment de
glossaire, c'est qu'ici comme dans l'espèce humaine,
les véritables radicaux n'ont par eux-mêmes qu'une
valeur abstraite. De là résulte l'impossibilité matérielle d'avoir ce que nous nommons des parties du

discours pas plus que la situation active ou passive.
Dans l'Idiomologie Humaine il n'y a plus de radicaux isolés; tous se trouvent à l'état de combinaison
et leur valeur idéologique différente dépend uniquement du sens des divers éléments qui l'accompagnent,
pour constituer un mot, une expression. Quant au
mode d'activité ou de passivité, il est ici comme
partout complètement arbitraire, quoique souvent
cette circonstance dépende, dans l'Idiomologie Humaine, de la forme artificielle dont a été enve-
loppé le radical.

Quoiqu'il en soit, on sent que pour donner un
plus grand nombre d'exemples, extraits du Glossaire-
Ouistiti, ou de celui de tout autre animal, il suffirait
de l'observation individuelle, mais tel n'était point
notre plan et nous nous engageons à livrer les ma-
tériaux que nous avons recueillis à celui dont ces
recherches seront l'unique but. Il serait à souhaiter
qu'un certain nombre d'hommes éclairés s'adonnât
à l'étude philologique d'une tribu zoologique, que
d'autres contrôleraient, et de la réunion des observations diverses résulteraient des Vocabulaires complets que l'on pourrait mettre ensuite en parallèle
avec les différents idiomes de la patrie de chaque
tribu, c'est-à-dire avec ceux des nombreuses familles
sauvages de toute l'Amérique méridionale, par
exemple, quant aux géopithèques dont nous venons
de citer quelques mots. Que notre exemple trouve
des imitateurs, c'est le seul vœu que nous puissions
former en terminant !

FIN.

Un ménage de cette famille fut acheté à Londres, dans le mois de décembre 1842, et transporté chez moi, à Bourges. La défloration très-tardive eut lieu laborieusement et avec des conséquences excessivement remarquables, le 13 décembre 1843. Le 16 janvier au matin, la femelle fut trouvée asphyxiée par le froid, qui la veille avait tué son mâle. Rappelée à la vie, elle accoucha vers les une heure du matin d'un fœtus énorme, bien développé, bien conformé et à terme. Le fœtus fut trouvé mort auprès de sa mère : le cordon ombilical tenait encore au jeune Ouistiti d'une part, et de l'autre part au placenta, qui avait une odeur spermatique excessivement prononcée. Ce cas de reproduction serait unique en Europe, si Fr. Cuvier n'en avait pas observé un autre à Paris, aussi l'ai-je adressé à l'académie des sciences, le 17 janvier 1844, par l'entremise de M. Isidore Geoffroy St-Hilaire.

Dans la nuit du 25 au 26, le Ouistiti femelle est encore une fois asphyxié par le froid : nous parvenons à la rappeler à la vie : dans la journée elle appela plusieurs fois le mâle, et après avoir été assez mal elle mourut le 26, à neuf heures et demi du soir. L'agonie dura pendant plus d'une heure.

Le 27 à 8 heures du matin, M. le docteur Lhomme et moi, procédâmes à la nécroscopie. L'animal pesait 317 grammes.

Tête. — Extérieur. Les muscles temporaux étaient énormes; le coronal ne présentait aucune autre protubérance que celle de la causalité, encore était-elle fort légère, quoique l'animal fût très-curieux et d'une intelligence remarquable. — L'occipital offrit l'organe de la philogénésie énormement developpé; elle était très-lascive : les pariétaux étaient à peine saillants par l'effet de la bosse de la destructivité, et pourtant elle aimait beaucoup à détruire. Les sutures étaient complètes. — Intérieur. — *Cerveau, très-volumineux, parfaitement lisse : cette circonstance est hors de doute, car elle fut parfaitement constatée ; c'était là le point principal de nos nouvelles r.cherches ; ainsi le cerveau, ni le cervelet n'avaient, pas même à la loupe, la moindre trace d'anfractuosités.* La substance grise ou corticale est très-épaisse : la substance blanche l'est un peu moins que chez l'homme, chez lequel c'est l'inverse. Dans le cervelet au contraire, la substance blanche est plus considérable.

Poitrine. — Les poumons d'un beau rose, très crépitants, étaient parfaitement sains : tous deux présentèrent trois lobes. Celui de la base, un peu engorgé à gauche à cause du décubitus pendant l'agonie, est le plus gros. Le plus petit est celui du milieu. — Le cœur était extrêmement volumineux; ses cavités droites étaient pleines de caillots veineux; il en existait beaucoup moins du côté opposé. Son poids était de cinq grammes avant d'être vidé. Sa forme est exactement celle du cœur humain.

ABDOMEN. — Le péritoine est légèrement enflammé dans toute son étendue; il contient un peu de sérosité. Les intestins sont distendus par des gaz d'une odeur désagréable. Deux foies bien distincts et symétriques, d'un volume considérable, tapissent le diaphragme et remplissent les deux hypochondres au point de recouvrir les reins. La vésicule biliaire longue, large et pleine est placée sur le foie gauche qui à trois lobules. Le lobe de Spiegel du foie apposé est beaucoup plus petit que les autres. — La rate, parfaitement saine, de la couleur du foie, a la même forme que dans l'homme, présentant deux traces de séparations primitives, quoique non lobulée. Les capsules surrénales sont bien marquées. Les reins n'offrent, comme dans l'homme, aucune marque des divisions antérieures; le droit présente, à l'extérieur, des taches blanches, confluentes et des granulations à la face postérieure (maladie de Bright.). Le gauche est à peu près dans le même état (elle urinait considérablement.) — Intestins très-sains: les vaisseaux de l'estomac légèrement injectés, l'organe était fortement distendu par du lait caillé. — La matrice est exactement celle de la femme, énormément allongée pendant la gestation, puisque dans les derniers temps elle arrivait jusqu'à l'estomac; elle est complètement revenue sur elle-même et présente la forme triangulaire de celle de la femme : elle est fermée; une sonde très-fine ne peut y pénétrer, point de métrite, seulement le fond de la matrice est encore légèrement sanguinolent, comme après les couches récentes. — Les parois du vagin son peu épaisses, et l'organe dépasse de beaucoup les os pubis.

Cerveau et cervelet. . . .	7	1/45
Poumons.	5	1/63
Cœur.	4	1/79
Foie.	25	1/12
Reins et capsules surrénales .	3	1/105
Rate.	1 50	1/211
Matrice et ovaires. . . .	2	1/158
Paquet intestinal. . . .	4 06	1/79
Caillots.	1	1/317
Corps.	264 44	52/63

TOTAL ÉGAL . . 317 00

www.ingramcontent.com/pod-product-compliance
Lightning Source LLC
Chambersburg PA
CBHW060803110426

42739CB00032BA/2578